Cornelius Hartz

Antike mit Biss

Cornelius Hartz

Antike mit Biss

Die schaurigsten Geschichten von Homer bis Horaz

ISBN: 978-3-8053-4662-7

Gestaltung: Janß GmbH, Pfungstadt
Umschlaggestaltung: Katja Holst, Frankfurt am Main
Umschlagabbildung: Katja Holst unter Verwendung einer Vorlage von katerinawagner – Fotolia.com
Druck: CPI books GmbH, Ulm

Printed in Germany on fade resistant and archival quality paper (PH 7 neutral) · tcf

Weitere Publikationen aus unserem Programm finden Sie unter: www.zabern.de

Elektronisch sind folgende Ausgaben erhältlich:
eBook (PDF): 978-3-8053-4671-9
eBook (epub): 978-3-8053-4672-6

Inhalt

Vorwort

> Oft sah ich, wie Moeris diese Kräuter nahm, sich dadurch in einen Wolf verwandelte und im Wald verbarg oder die Geister von unten aus ihren Gräbern heraufrief.
>
> Vergil, *Eklogen* 8.97 ff.

Es begann alles mit dem Feuer. Vor etwa 50 000 Jahren saßen unsere Vorfahren ums Feuer herum, und meist war einer dabei, der etwas zu erzählen hatte, sei es eine lustige, eine traurige oder eine spannende Geschichte. So entstanden Mythen, Märchen, überhaupt Geschichten. Die großen, festen Feuerstellen, die der Homo sapiens etwa zur Zeit seiner Verbreitung nach Europa und Asien zu bauen begann, waren ein Meilenstein der kulturellen Entwicklung: Sie waren Orte der Geselligkeit, der Kommunikation. Man hatte einen festen Bezugspunkt, und fortan war das Feuer nicht mehr nur dazu da, dass man sich aufwärmen konnte und Nahrung zubereiten, sondern man saß noch lange, nachdem man gegessen hatte, um das Feuer, starrte in die Glut, sah die Flammen tanzen und die Kohlen sich bewegen, als seien sie lebendig, und dann erzählte man erfundene Geschichten.

Wann die erste Gruselgeschichte erzählt wurde, können wir natürlich nicht wissen. Aber es muss lange, lange her sein. Alle Mythologien der Antike sind voll mit schaurigen Szenarien, genau wie es noch unsere Volksmärchen sind. Und bereits im frühesten in Schriftform verewigten literarischen Werk überhaupt, dem *Gilgamesch-Epos* (24.–18. Jahrhundert v. Chr.), gibt es Geister, Schauergestalten und gruselige Erzählungen. Interessanterweise glauben Forscher, dass das Erzählen einer Horrorgeschichte eine ähnliche Funktion erfüllt wie das Erzählen eines Witzes. Beides überrascht den Zuhörer (bzw. Leser), der Witz mit einer unerwarteten Pointe, die Horrorgeschichte lässt einen erschaudern, aber eben in der wohligen Gewissheit, dass es nur eine Erzählung ist und keine reale Bedrohung.

Die Psychologie hat festgestellt, dass wir Menschen positiv beurteilen und mögen, wenn sie uns überraschen. Das mag uralte evolutionsbezogene Gründe haben, die genau damit zusammenhängen: Zur Zeit, als die feste Feuerstelle aufkam, war der Mensch viel größeren und unmittelbareren Gefahren ausgesetzt als heute. Davon zeugen Traumszenarien, die so alt sind wie die Menschheit und die uns vor Gefahren im realen Leben warnen sollen. Es war also lebenswichtig, dass man nicht überrascht wurde, und umso besser war es, wenn man Personen in seinem direkten Umfeld hatte, die einen auf drohende Gefahren hinwiesen. Die Überraschung und der Schreck, die ein Ausruf wie „Pass auf, ein Mammut!" (wahlweise heute: „Pass auf, ein Auto!") mit sich bringt, konnten und können Leben retten. Und sind allemal angenehmer als die Überraschung, die ohne diese Warnung auf einen gewartet hätte. Eine ähnliche Funktion haben u. a. Klatschgeschichten, Nachrichten und Neuigkeiten überhaupt, aber auch Witze und Horrorgeschichten übernommen: Wir sind überrascht, und wir bauen Sympathie für denjenigen auf, der uns überrascht hat, weil wir spüren, dass er ein guter Gefahrenwarner wäre. Das gilt für viele zwischenmenschliche Beziehungen: Wer überrascht, gewinnt.

Dieses Buch soll nun in doppelter Hinsicht überraschen. Einerseits ist es voll mit Grusel- und Horrorstorys, die die vielleicht direkteste und nachvollziehbarste Ausprägung des Zusammenhangs zwischen Überraschung und Gefahr darstellen. Der „wohlige Schauer", den uns Horrorgeschichten und Gruselfilme bereiten, ist dabei tatsächlich so etwas wie ein Paradox, denn anders als bei anderen Literaturformen ist unsere emotionale Reaktion auf den „künstlichen" Horror eine ganze andere als die auf reale Schrecken – und das hat sicherlich etwas damit zu tun, dass wir uns dem Konsum „künstlichen" Horrors freiwillig und bewusst aussetzen. Die einzelnen Überraschungsmomente, die uns dennoch einen Schauer über den Rücken jagen, nehmen wir dabei sozusagen in Kauf, als Teil eines größeren Ganzen, das wir bewusst steuern (indem wir z. B. ein Buch zur Hand nehmen). So viel zum Überraschenden, das dem Grusel innewohnt.

Andererseits überrascht es Leser heute zudem immer wieder, dass es solche Geschichten schon in der Antike gab – und das auch abseits der Mythologie, die viele grausige Details birgt, die ihrerseits wiederum Einzug z. B. in die Volksmärchen Mitteleuropas gehalten haben. Tatsächlich begegnen uns in der Literatur des alten Griechenland und Rom Werwölfe und Blutsauger, Besessene und Zombies, Hexen, Zauberer und Gespenster. Und das nicht nur in der erzählenden Literatur, sondern auch in den Berichten von Historikern, in philosophischen Schriften und in der Bibel.

Zugegeben – das, was wir heute unter einem Vampir verstehen, ist größtenteils eine Erfindung der Neuzeit: ein nachtaktiver Untoter, der mit spitzen Zähnen seinen Opfern Blut aussaugt, sich vor Kreuzen und Knoblauch fürchtet, bei Sonnenlicht zu Staub zerfällt und mit einem Holzpflock durchs Herz getötet werden kann. Und doch finden sich bereits in der antiken Literatur Gestalten, die man in mancherlei Hinsicht als „Vampir" bezeichnen kann – die Angst des Menschen vor einem Ungeheuer, das sein Blut trinkt und sein Fleisch frisst, ist sicherlich so alt wie die Erkenntnis, dass wir an Blutverlust sterben können. Tatsächlich legt Bram Stoker seiner Romanfigur Van Helsing, dem Gegenspieler Draculas, die Worte in den Mund: „Denn, Sie dürfen mir Glauben schenken, der Vampir ist überall bekannt, wo Menschen leben. Im alten Griechenland, im alten Rom ..."

Der Werwolf hingegen begegnet uns bereits kurz nach der Zeitenwende schon beinahe zu der Schauergestalt ausgeformt, die wir heute aus Film, Fernsehen und Literatur kennen – als Mensch, der für einen bestimmten Zeitraum zum gefährlichen Wolf wird und sich danach wieder rückverwandelt. Die Angst vor einem solchen Wesen ist freilich noch viele Jahrhunderte älter. Und von schwarzer Magie, Dämonen und Verstorbenen, die als Untote oder Geister und Gespenster ihr Unwesen treiben, lesen wir bereits in den allerfrühesten Zeugnissen des alten Orients und Ägyptens.

Die hier abgedruckten und jeweils mit einer erläuternden Einleitung zu Autor, Werk, Hintergründen und Übersetzer versehenen Texte stammen allesamt aus der griechisch-römischen Antike; nichtsdestotrotz umfassen sie einen Zeitraum von fast 1000 Jahren, von Homer bis Apuleius, und gehören so unterschiedlichen Genres an wie Roman, Brief, Epos oder Komödie. Die Übertragungen ins Deutsche stammen von berühmten Übersetzern und Literaten des 18. und 19. Jahrhunderts. Ihre Rechtschreibung und Zeichensetzung sind an die unsere angepasst worden, Grammatik und einzelne Wörter auf behutsame Weise ebenso; dies dient der besseren Konsumierbarkeit, schmälert aber hoffentlich nicht die Leistung derer, die die antiken Texte (zum Teil als Allererste) ins Deutsche übertragen haben, wie Luther, Wieland oder Voß. Viele der nun folgenden Texte sind Ausschnitte aus wesentlich umfangreicheren Werken, und so soll dieser Band natürlich auch zum Weiterlesen anregen und zur weiteren Beschäftigung mit der Antike, die die europäische Kultur in so vielen Aspekten bis heute prägt – bis hinein in die Zaubersprüche bei *Harry Potter,* die aus dem Altgriechischen und dem Lateinischen stammen. In diesem Sinne: *Finite incantatem!*

Vampire, Schrecken der Nacht

Bittet den unterirdischen Zeus,
den Schwarm der nächtlichen Wanderer
von der Mündung des Styx heraufzuschicken!

Aischylos, *Seelenführer* F273a

Apuleius: Das herausgeschnittene Herz

Der Schriftsteller Apuleius (ca. 123–170 n. Chr.) war ein römischer Bürger aus einer reichen und angesehenen Familie aus Madauros im heutigen Algerien. Bekannt ist er auch heute noch für seinen vielschichtigen, kompliziert aufgebauten Roman *Der goldene Esel* (auch *Metamorphosen* genannt), der vielen als erster Horror-Roman der Literaturgeschichte gilt. Gleich im Prolog erfährt der Leser, er könne den Roman auf zweierlei Weise lesen: Entweder lasse er sich nur oberflächlich von den Geschichten unterhalten oder er lasse sich auf den philosophisch-religiösen Überbau ein, der all dem, was geschildert würde (und zum Teil recht grotesk ist), innewohne. Viele Leser haben genau das versucht, aber es gibt Philologen, die der Meinung sind, der ganze Roman sei so satirisch, dass auch das Philosophische nicht ernst gemeint sei bzw. die Philosophie auf die Schippe nehme. Immerhin war Apuleius nicht nur Schriftsteller, sondern auch Redner und platonischer Philosoph, und eventuell verfolgte er tatsächlich eine gewisse Agenda – diese mag dann aber für seine Zeitgenossen besser funktioniert haben als für uns.

Der nun folgende Abschnitt stammt aus dem ersten Buch des *Goldenen Esels* (met. 1.2 ff.), wie viele der Episoden im Buch funktioniert er als Erzählung innerhalb der Erzählung. Sie wird oft als eine der ersten Vampirgeschichten gedeutet; dabei zeigt sich nicht ganz klar, was die beiden alten Frauen mit dem Blut, das sie dem armen Sokrates abzapfen, denn eigentlich tun – aber dass sie es in einem Behältnis auffangen, wie es zum Trinken verwendet wird, ist doch ein ziemlich deutlicher Hinweis darauf, dass jemand dieses Blut trinken könnte. Interessant ist, dass diese Szene bei aller Grausamkeit eine gewisse Erotik impliziert, wie sie sich auch später durch die Literatur zieht, nachdem sich der Vampir um 1800 herum als festes Personal vor allem der britischen Horrorliteratur etabliert hat. Nur dass hier bei Apuleius die Vampire noch keine spitzen Zähne haben, sondern einen Dolch benutzen.

Die Übersetzung der folgenden Passage wurde 1783 von August Rode (1751–1837) angefertigt, einem Schriftsteller und Politiker aus Dessau, den eine breitere Öffentlichkeit heute noch durch seine Beschreibungen der berühmten anhaltinischen Gärten von Dessau-Wörlitz kennt.

Einstmals nun zog ich Kundschaft ein, dass in Hypata, der angesehensten Stadt in ganz Thessalien, frischer, wohlschmeckender Käse zu sehr billigem Preis zu haben sei. Ich machte mich eiligst dahin auf, gleich den ganzen Vorrat wegzuschnappen. Allein, ich armer Schelm musste zur bösen Stunde ausgegangen sein, meine Hoffnung, einen trefflichen Schnitt zu machen, schlug fehl; wie ich hinkam, hatte schon tags zuvor Kaufmann Wolf allen Käse bei der Erde weggekauft.

Von der unnützen Eile ermüdet, begab ich mich gegen Abend ins Bad. Siehe! Da wurde ich unterwegs meines alten Kameraden Sokrates ansichtig. Er saß auf der Erde, mit einem groben, lumpigen Mantel halb behangen, sich selbst fast nicht mehr ähnlich, totenblass und ganz entstellt vor Magerkeit: kurz, vollkommen so wie die Stiefkinder des Glücks an den Ecken um Almosen zu bitten pflegen. In diesem erbärmlichen Zustand schämte ich mich meines Freundes und hätte fast getan, als kennte ich ihn nicht; doch ging ich endlich zu ihm hin.

„Um Himmels willen, lieber Sokrates, was ist das?“, rief ich, „wie siehst du aus? Sag mir, was hast du angefangen? Du bist zu Hause als tot ausgeschrien, beweint; die Gerichte haben deinen Kindern Vormünder bestellt, deine Frau hat die Trauer um dich schon wieder abgelegt und um deinetwillen sich so abgehärmt und abgeweint, dass sie beinahe unkennbar und blind geworden ist; eben dringen alle Verwandten in sie, ihren betrübten Witwenstand lieber gegen die Freuden einer zweiten Ehe zu vertauschen – und mittlerweile sehe ich dich hier, zu unser allergrößter Schande, wie ein leibhaftes Gespenst einherziehen?“

„Ach, Aristomenes“, seufzte er, „wie wenig musst du noch des Glückes Launen, Unbestand und Wechsel kennen!“

Und mit den Worten verbarg er sein Gesicht, das blutrot vor Scham geworden war, dergestalt in seine Lumpen, dass kaum noch seine Blöße bedeckt war. Ich konnte den jämmerlichen Anblick nicht ertragen. Ich packe ihn an und will ihn aufrichten.

Aber mit verhülltem Kopf, wie er war, rief er: „Oh, lass mich; lass das Glück noch länger des Siegeszeichens genießen, das es sich selber aufgestellt hat!“

Ich bringe ihn dem ungeachtet noch dahin, dass er mir nachgibt, ziehe auch meinen Oberrock ab und bekleide – oder, um recht zu sprechen, bedecke – ihn geschwind damit und eile mit ihm ins Bad. Da stecke ich ihn in die Wanne und wässere ihn erst, schaffe indes Salbe und Reibtücher herbei und scheuere ihm dann den alten Schmutz tapfer ab, und nachdem ich seiner also auf das Beste gepflegt, leite ich ihn, da er ganz entkräftet, so müde ich auch selbst war und so sauer mir es auch wurde, nach einer Herberge, lege ihn zu Bett und gebe ihm zu essen und zu trinken und suche ihn durch allerhand Gespräche aufzumuntern.

Schon waren wir auch wirklich guter Dinge, lachten, scherzten, stachen einander an, waren laut, als auf einmal mein Gast schmerzlich aus innigster Brust heraufseufzt, sich mit geballter Faust vor die Stirn schlägt und also anhebt: „Ich Unglücklicher bin bloß durch die vermaledeite Lust, ein Fechterspiel zu sehen, wovon sehr viel Gerede gemacht wurde, in dies schmähliche Elend geraten! Denn, wie du weißt, reiste ich, um mir ein bisschen Geld zu machen, nach Mazedonien, Kaum habe ich allda zehn Monate mein Wesen getrieben, so ist mein Beutel auch schon so wohl gespickt, dass ich mich wieder auf den Heimweg begebe. Allein wie ich dicht vor Larissa komme, wo ich durchwollte, um dort eben die verwünschten Fechterkämpfe mit anzusehen, fällt mich eine Straßenräuberbande in einem abgelegenen, winkligen Tale an, und ich muss alles, bis aufs Leben, im Stich lassen. In dieser Not gelange ich zu einer alten braven Gastwirtin mit Namen Meroë. Ich erzähle ihr die Ursache meiner Wanderschaft, und wie ich nun beim nach Hause Gehen alles meines sauer erworbenen Gutes beraubt worden bin. Sie hört meine ganze Geschichte voller Mitleiden an und nimmt mich höchst liebevoll bei sich auf, setzt mir auch, und zwar unentgeltlich, eine wohl zugerichtete Mahlzeit vor; am Ende aber, von Brunst hingerissen, nimmt sie mich mit sich zu Bett, und damit war mein Unglück fertig! Denn in der einen Nacht hat mir es das Weib so angetan, dass ich ihr Saft und Kraft verschwendete, ihr auch selbst die Kleider, die mir die Räuber aus Erbarmen noch gelassen hatten, nebst allem dem hingab, was ich, da ich noch fortkonnte, durch Trödeln gewann; bis ich mich zuletzt – Dank sei meinem bösen Geschick und diesem gutherzigen Weibe! – in dem Zustand befand, worin du mich jetzt antriffst."

„Beim Pollux!", sprach ich, „du verdientest, dass es dir noch schlimmer erginge, womöglich, als es bereits dir geht, da du so um schnöde Lust und um einer verhurten Vettel willen Weib und Kind vergessen hast!"

Ganz verdutzt fuhr er darüber voll Schreckens mit dem Zeigefinger sich hastig auf den Mund.

„St! St!", rief er mir zu, sah sich höchst schüchtern überall um und sprach endlich: „Oh Bruder, ich bitte dich, nimm dich in Acht, dass du dir an dem Weibe die Zunge nicht verbrennst!"

„So?", antwortete ich spöttisch. „Was ist denn mehr mit deiner Frau Wirtin? Ist sie so mächtig? Sie ist doch wohl nicht etwa eine Königin?"

„Eine Zauberin", versetzte er, „ist sie, eine Fee! Sie kann dir den Himmel herniederlassen, die Erde emporhängen, die Quellen versteinern, die Felsen zerflössen, die Manen hinauf-, die Götter hinabbannen, die Gestirne verdunkeln, den Tartarus selbst erleuchten ..."

„Halt, halt!", unterbrach ich ihn, „dass du nicht noch fällst, über die tragischen Stelzen! Packe lieber den theatralischen Plunder ein und sprich mit mir wie andere Leute."

„Nun, nun", sprach er, „soll ich dir eins und das andere von ihren Sächelchen erzählen? Dass sie die Einheimischen nicht allein, sondern die Inder auch, ja die beiden Äthiopier und selbst die Gegenfüßler sterblich in sich verliebt macht, das ist nur erst Kleinigkeit, lauter Spaß! Aber höre nur an, was sie alles vor vieler Leute Augen getan hat.

Einer ihrer Buhlen hatte einmal ein Mädchen genotzüchtigt. Mit einem Wort hat sie ihn da in einen wilden Biber verwandelt, um ihn an dem zu strafen, womit er gesündigt; denn dies Tier entmannt sich, um sich nicht fangen zu lassen. Danach tat ihr wieder ein benachbarter Gastwirt zu viel Abbruch in der Nahrung; den hat sie zu einem Frosch gemacht, der bis jetzt noch immer in seinem Weinfasse herumschwimmt und daraus mit heiserer Kehle die alten Kunden zu sich einlädt. Ein andermal hat sie einen Advokaten, der einen Prozess gegen sie geführt hatte, zu einem Hammel umgestaltet. Du kannst den Hammel noch heutigen Tags vor Gericht advozieren sehen. Endlich hatte einmal das Weib ihres Liebhabers ihrer gar zu bitter gespottet. Was hat sie zu tun? Sie verschließt demselben in dem Augenblick, als es entbunden werden sollte, den Leib, treibt ihr die Geburt zurück und verdammt die arme Unglückliche zu einer ewigen Schwangerschaft. Es sind nun schon, wie ihr jeder nachrechnen kann, über acht Jahre, dass sie sich so mit dickem Bauche herumschleppt, gleichsam als sollte sie einen Elefanten zur Welt bringen.

Kurz, durch diese und andere dergleichen Streiche kamen gar sehr viele Leute zu Schaden, und der Unwille der ganzen Stadt wurde zuletzt darüber rege und nahm so überhand, dass man beschloss, die Unholde anderen Tags zu Tode zu steinigen. Allein es hat sich wohl, dass die es hätte dazu kommen lassen! Gleichwie Medea in einer vom

Kreon ihr zugestandenen Tagesfrist Palast samt Tochter und Vater vermittelst eines Kranzes zu Asche verbrannte, ebenso hat auch diese in einer einzigen Nacht (wie sie in einem Rausch es mir neulich selbst erzählt hat) vermittelst fürchterlicher, in Gräbern angestellter Beschwörungen, alle Einwohner der Stadt samt und sonders so fest in ihre Häuser hineingebannt, dass sie ganze zwei Tage weder Schlösser erbrechen noch Tür und Fenster ausheben noch auch durch Mauern und Wände sich Öffnungen machen konnten; bis sie sich endlich insgesamt bequemten und einhellig schrieben und auf das Heiligste sich vermaßen, nicht allein selbst nicht Hand an sie zu legen, sondern sie auch gegen jedermann, der etwas wider sie unternehmen würde, zu verteidigen und zu schützen. Damit zufrieden, hat sie stracks die ganze Stadt wieder entzaubert. Allein den Urheber des wider sie gefassten Anschlags hat sie bei stockfinstrer Nacht samt dem ganzen Hause (das heißt Gemäuer, Grund und Boden), so verschlossen wie es war, hundert Meilen weit weg in eine Stadt hingetragen, die auf der Spitze eines so hohen Berges gelegen, dass beinahe gar kein Wasser da ist. Weil aber da die Gebäude der Einwohner so dicht aneinander standen, dass für den neuen Ankömmling kein Platz mehr übrig war, so hat sie das Haus nur vor das Stadttor hingeworfen und dann sich wieder heimbegeben."

„Nein, lieber Sokrates", schrie ich, „das ist arg, das ist wundersam! Nun bin ich gleichfalls angst und bange und bebt mir das Herz vor Furcht im Leibe, dass deine Alte diese unsere Gespräche nicht auch durch Hilfe eines Geistes wieder erfahre. Lass uns also nur früh Schicht machen, damit wir bald ausschlafen und uns morgen mit dem Allerfrühesten aus dem Staube machen können!"

Ich hatte dies noch nicht ausgeredet, so war der gute Sokrates, weil er des Weins ungewohnt und vom Tage her müde war, schon eingeschlummert und schnarchte überlaut. Ich klemme also flugs die Tür zu, schiebe die Riegel recht fest vor, stelle auch noch zur größeren Sicherheit mein Bett ganz dicht wider die Angeln und werfe mich hinauf. Die Furcht hielt mich erst eine lange Weile wach; endlich, um Mitternacht, fallen mir die Augen allgemach zu. Kaum war ich recht eingeschlafen, so wird auch mit einem Mal mit größerem Ungestüm, denn sich von Dieben erwarten lässt, die Tür eröffnet oder vielmehr gesprengt und holterdiepolter über den Haufen gerannt, dass die Angeln in Stücken zu Boden fallen. Mein Bett, ohnedies klein, dreibeinig und morsch, fliegt um und um und bleibt, da ich herausgepurzelt, umgestürzt über mir stehen.

Da erfuhr ich, dass manche Affekte sich von Natur auf widersprechende Art äußern. Denn wie man oftmals vor Freude Tränen vergießt, so konnte ich mich auch jetzt bei meinem großen Schrecken des Lachens nicht erwehren, da ich so aus Aristomenes zu einer Schildkröte geworden. Wie ich aber auf der Erde unter meinem Bett hervor aufpasse, was es denn gibt, so sehe ich zwei ziemlich betagte Mütterchen. Eine trägt eine helle Leuchte; einen Schwamm und einen bloßen Dolch die andere. In dem Aufzug stehen beide am Bett des Sokrates, der in tiefem Schlaf lag.

Die mit dem Dolch fängt an: „Hier, Schwester Panthia, hier siehst du meinen teuren Endymion, meinen Ganymed, der so Tag als Nacht meine Schwäche missbraucht hat und der nun meine Liebe mit Füßen tritt, meinen guten Namen schändet und mich auf ewig fliehen will. Aber dass ich mich doch von diesem arglistigen Odysseus hintergehen ließe und wie eine zweite Kalypso um ihn in ewiger Sehnsucht und Einsamkeit weinte! Mag indessen", fuhr sie fort, mit ausgestreckter Rechten der Panthia mich zeigend, „sein feiner Ratgeber da, Aristomenes, der ihm die Flucht in den Kopf gesetzt hat, jetzt aber, dem Tode nah, nach aller Länge unter dem Bett ausgestreckt liegt und hier nach uns herschielt, mag er doch immerhin wähnen, allenthalben meine Schmach auszuposaunen; er soll mir schon über lang oder kurz, vielleicht nur allzu bald, ja wohl gar noch jetzt, den Augenblick, all seine angebrachten Spöttereien so wie seine gegenwärtige Keckheit schmerzlich genug bereuen!"

Als ich das hörte, brach mir der kalte Angstschweiß aus, und ich zitterte und bebte dergestalt unter meinem Bett, dass es auch nicht eine Minute ruhig stehen blieb, sondern unaufhörlich wie eine Stampfmühle schüttelte und pochte.

„Ei", sprach Panthia, „warum kühlen wir denn nicht also unseren Mut an dem zuerst? Lass uns ihn, Schwester, wie Bacchantinnen in Stücke zerreißen oder binden und zum Verschnittenen machen!"

„Keines von beiden!", versetzte Meroë (denn ich merkte an allem, dass es die war, von der Sokrates mir erzählte), „er muss am Leben bleiben, um den Leib dieses Armseligen in ein wenig Sand zu verscharren."

Hiermit kehrt sie den Kopf des Sokrates auf die Seite, senkt ihm den Dolch bis an das Heft in die Gurgel und fängt das hervorspritzende Blut so geschickt und sorgfältig in einem Schlauch auf, dass auch kein Tröpfchen danebenkommt. (Das haben diese meine Augen gesehen!) Nun fährt sie – um keinen von den Opfergebräuchen aus der Acht zu lassen, wie mir dünkt – mit der rechten Hand durch die Wunde bis zu den Eingeweiden hinunter, sucht darin herum und bringt dann das Herz meines armen Kameraden zum Vorschein, während der Zeit er aus durchgeschnittener Kehle laut röchelt und seinen Geist mit dem strudelnden Blut aufgibt. Panthia aber stopft die Wunde, wo sie am weitesten voneinandersteht, mit einem Schwamm zu und murmelt dabei: „Schwamm, Schwamm, im Meer geboren, geh im Fluss verloren!"

Dies getan, schieben sie das Bett von mir hinweg, treten mit auseinandergesperrten Beinen über mich hin, und jetzt regnen sie so lange auf mich herab, bis sie mich durchaus in den garstigsten Bökel eingeweicht haben. Kaum verließen sie die Schwelle, so erhebt sich die Tür wieder und kehrt an ihren Ort zurück, die Angeln springen wieder in ihre Pfannen ein, die Haspen eilen den Pfosten zu und die Riegel schieben sich von selbst wieder vor. Ich aber bleibe, wie ich war, am Boden hingestreckt liegen, atemlos, splitternackt, eiskalt und nicht minder benetzt, als ob ich eben erst aus Mutterleib gekrochen; da ich doch schier halb ausgelebt, ja mich selber schon ganz überlebt hatte und mit allem Fug als ein After-Ich, wenigstens als ein wohlbestallter Galgenkandidat anzusehen war.

„Was wird aus dir werden", sprach ich bei mir selbst, „wenn man am Morgen den erwürgt im Bett finden wird? Wem wirst du nicht der Wahrheit zum Trotz ein Lügner scheinen? Du hättest ja nur um Hilfe rufen dürfen, wird man sagen, wenn du feige Memme dich vor einem alten Weibe fürchtest! Vor deinen Augen einen Menschen ermorden sehen und schweigen? Warum hat man dich nicht auch auf den Kopf geschlagen? Warum hätte denn die Mordlust der Hexe den Augenzeugen ihres Frevels verschont, von dem sie ja fürchten musste, dass er sie verraten würde? Immerhin mit dir zum Tode, dem du also entronnen bist!"

Ich überlegte das hin und her, unterdessen ging die Nacht zum Tag über. Am klügsten dünkte mir es da, mich noch in der Dämmerung fortzumachen und so geschwind und so weit zu rennen, als die Füße nur laufen wollten. Ich nehme also mein Bündel auf den Buckel, schließe die Stubentür auf, wiewohl erst nach vieler Mühe und Not, denn das vertrackte Schloss, das nachts von freien Stücken aufgesprungen, ließ sich jetzt lange aufhebeln und rütteln, ehe es aufgehen wollte, und gehe und rufe den Hausknecht.

„He", schreie ich, „wo bist du? Mach das Tor auf, ich will fort!"

Er lag gleich hinter der Haustür auf einer Streu; noch halb im

Schlaf, gab er mir zur Antwort: „I, wisst Ihr denn nicht, die Straßen sind jetzt der Spitzbuben wegen so unsicher. Wo wollt Ihr denn noch bei Nacht hin? Rennt doch dem Tod nicht in den Rachen! Oder treibt Euch etwa ein böses Gewissen dazu? Nu, so dumm sind wir doch nicht, dass wir uns um Euretwillen sollten totschlagen lassen!"

„Es ist ja nicht mehr weit vom Tag", versetzte ich, „und was können mir blutarmem Manne auch die Räuber stehlen? Weißt du nicht, Narr, dass selbst zehn Banditen einen Nackten nicht ausplündern können?"

Ohne sich zu ermuntern, warf er sich auf die andere Seite herum und sagte: „Ach, wo weiß ich auch, ob Ihr nicht gar Euren Reisegefährten, mit dem Ihr gestern so spät hierher kamt, umgebracht habt und Euch nun durch die Flucht retten wollt!"

Ich denke nicht anders, als es tut sich in dem Augenblick die Erde unter mir auf, und ich sehe aus dem innersten Tartarus hervor den Cerberus heißhungrig auf mich zufahren. Jetzt kam es mir erst zu Sinne, dass die ehrliche Meroë mitnichten aus Barmherzigkeit meiner Kehle geschont, sondern vielmehr aus Grausamkeit mich für den Galgen aufgespart habe.

Sobald ich also in die Stube zurückgekehrt, überlege ich in der Geschwindigkeit, wie ich mir das Leben nehmen will. Inzwischen, da kein anderes tödliches Werkzeug anzutreffen war, als was mein Bett mir darbot, so wende ich mich zu demselben mit diesen Worten:

„Herzliebes Bett, das so viel Ungemach mit mir erlitten; du, das alles mit angesehen, was diese Nacht hier vorgegangen ist; du, der einzige Zeuge, den ich für meine Unschuld anrufen kann: Oh leihe mir zu meiner Reise in die Unterwelt gefälligen Beistand!"

Während der Anrede knüpf ich den Strick los, womit es zusammengeschnürt war, werfe das eine Ende davon um einen Balken, der oben über das Fenster hervorragte, und befestige es daran, und an dem anderen mache ich eine Schleife. Nun steige ich auf mein Bett in die Höhe, um mich zu erhenken, und streife mir die Schlinge über den Kopf.

Wie ich jetzt aber mit dem Fuß meine Stütze unter mir wegstoße, um durch meine Wucht im Herabfallen mir den Knoten um die Kehle desto fester zuzuziehen, so zerreißt mit einmal der alte verstockte Strick, und ich stürze auf den Sokrates, der dicht neben mir lag, so mächtig hin, dass wir uns beide überkollern und zusammen auf die Erde hinabrollen.

Und siehe, in dem selbigen Augenblick reißt auch der Hausknecht die Tür auf und schnauzt herein: „Wo seid Ihr denn nun, der bei stockfinsterer Nacht so über die Maßen forteilt? Ihr seid ja wohl gar wieder in das Bett gekrochen?“

Nun weiß ich nicht, war es über unseren Fall oder übers überlaute Geschrei dieses Kerls, genug damit, so erwacht mein Sokrates und rafft sich zuerst auf.

„Wahrlich!“, sprach er, „die Reisenden haben auch recht, dass sie so über das ungeschliffene Hausknechtsgesindel schimpfen. Was muss nun der Grobian da um jetzige Zeit seinen Rüssel zur Tür hereinstecken und so zahnbrecherisch schreien, dass er mich armen Ausgemergelten aus meinem allertiefsten Schlaf aufweckt? Er hat gewiss Lust, uns was zu mausen.“

Gleich spring ich munter und lustig auf, kein kleiner Stein fiel mir vom Herzen. Begeistert von höchst unerwarteter Freude, rufe ich: „Nu, da sieh einmal, du superkluger Hausknecht, ist er wohl ermordet, mein trauter Reisegefährte, mein Bruder, mein Vater? Schau, ist er ermordet, wie du es mir vorher in deiner Dösigkeit schuld gabst?“

Und mit den Worten falle ich dem Sokrates um den Hals und herze und küsse ihn. Aber der Wohlgeruch, den die alten Hexen über mich gegossen hatten, stieg ihm nicht so bald in die Nase, als er mich zurückstieß: „Oh bleib mir vom Leibe“, sprach er, „riechst du doch wie ein alter Nachttopf!“ Und lachend wollte er nun die Ursache dieses angenehmen Duftes erforschen. Allein ich wich ihm durch ein aus dem Stegreif erdichtetes Späßchen aus, nehme ihn beim Arm und sage: „Warum gehen wir denn nun nicht und machen uns den Morgen zunutze?“

Ich hocke sofort mein Felleisen auf, bezahle dem Hausknecht das Nachtlager, und wir machen uns auf den Weg.

Wir waren schon ziemlich weit vorwärts, als erst die Sonne aufging und es hell wurde. Nun betrachtete ich mir mit unruhiger Neugier die Kehle meines Reisegefährten, zumal auf der Seite, wo ich den Dolch hatte hineinsenken sehen.

„Alberner Mensch“, sprach ich endlich bei mir selbst, „was du auch auf deinen Rausch nicht all für tolles Zeug geträumt hast! Sieh nur, Sokrates ist ja frisch und gesund. Wo hat er wohl eine Wunde? Wo den Schwamm? Wo endlich die große frische Narbe?“

Darauf wandte ich mich zu meinem Begleiter: „Die Ärzte haben doch wirklich nicht unrecht“, sprach ich, „wenn sie der Meinung sind, dass das übermäßige Fressen und Saufen schwere Träume macht; denn ich habe diese ganze Nacht, weil ich gestern Abend ein bisschen zu tief ins Glas geguckt, so entsetzliche Gesichte und Erscheinungen gehabt, dass ich mir noch immer von Menschenblut zu triefen scheine."

„Von Menschenblut?", versetzte er lächelnd, „ich hätte eher auf etwas anderes geraten! Indessen habe auch ich geträumt, ich würde erwürgt. Ich fühlte an der Kehle große Schmerzen, und es war mir auch, als würde mir das Herz aus dem Leib gerissen. Selbst jetzt kann ich noch keinen Atem kriegen, und die Knie werden unter mir so schwach, dass ich hin und her wanke. Ich möchte wohl etwas zu essen haben, um mich wieder zu erquicken."

„Geduld", sprach ich, „es soll den Augenblick ein Frühstück für dich fertig sein!" Mit dem werfe ich meinen Ranzen von der Schulter und reiche ihm ein Stück Brot und Käse hin: „Komm", sage ich, „lass uns dazu unter der Platane dort hinsetzen."

Das geschieht, und ich nehme mir mein Teil auch. Indem wir nun so sitzen und es uns wohlschmecken lassen, werde ich auf einmal gewahr, dass dem Sokrates bei der größten Geschäftigkeit seiner Kinnbacken die Augen brechen und dass er bleich und blass wie ein Tuch wird. Bald hatte er so sehr das Aussehen einer Leiche, dass alle meine nächtlichen Schreckbilder sich von Neuem meiner Vorstellung bemächtigten und vor Entsetzen mir der Bissen im Mund erstarb. Was meine Furcht noch vermehrte, waren die vielen Leute, die vorübergingen. Was hätten sie anders denken können, als dass ich meinen Reisegefährten ermordet.

Doch als Sokrates seinen Appetit gestillt, so bekam er einen gewaltigen Durst; denn von dem besten Käse hatte er ein gutes Stück zu sich genommen. An der Platane, worunter wir saßen, floss ganz nah ein kleines kristallenes Flüsschen so langsam und ruhig vorbei, dass es fast für ein stehendes Gewässer anzusehen war.

„Sieh", sage ich also zu ihm, „da kannst du ja aus der schönen reinen Quelle deinen Durst löschen!"

Er steht auf, schlägt seinen Mantel zurück, und wo das Ufer am flachsten ist, kniet er nieder, hält sich fest mit den Händen an, und mit langem, vorwärts hinabgebeugtem Halse sucht er einen frischen Trunk zu schöpfen. Allein, er hat seine Lippen noch nicht recht nass gemacht; so bricht die Wunde in der Kehle, so groß und tief sie war gemacht worden, auf, und der Schwamm fällt in den Fluss, von wenigen Blutstropfen begleitet. Schier wäre der ganze Körper in das Wasser gesunken, hätte ich ihn nicht bei einem Bein gefasst und mit genauer Not aufs Ufer gezogen. Nachdem ich meinen armen Reisegefährten nach Beschaffenheit der Zeit bitterlich beweint und auf ewig in der

Nachbarschaft des Flusses in den Sand verscharrt, floh ich schüchtern und bebend durch abgelegene, unwegsame Einöden davon, und nicht anders, als wäre ich eines Menschenmordes schuldig, verließ ich Vaterland und Haus und Hof und begab mich freiwillig ins Elend. Jetzt bin ich nun wieder verheiratet und in Ätolien ansässig.

Petron: Die Nachtvögel

Titus Petronius (ca. 14–66 n. Chr.) gehörte genau wie die Schriftsteller Lucan und Seneca zum Hofstaat von Kaiser Nero. Wie auch diese beiden schloss sich Petron einer Verschwörung zur Ermordung Neros an, und wie die anderen Verschwörer bezahlte er seine Beteiligung mit dem Leben: Er wurde zum Selbstmord gezwungen. Tacitus beschreibt ihn in diesem Zusammenhang folgendermaßen: „Er war ein Mann, der seine Tage im Schlaf verbrachte und seine Nächte den sozialen Verpflichtungen und Annehmlichkeiten des Lebens widmete; andere treibt der Fleiß zur Größe – Petron gelangte durch Trägheit zum Ruhm“ (ann. 16.18). Genauso starb er, laut Tacitus, auch: Er öffnete sich mehrmals die Pulsadern und verband sich dazwischen immer wieder die Handgelenke, um noch in aller Ruhe seine letzten Geschäfte tätigen zu können.

Petron hinterließ der Nachwelt einen einflussreichen Roman, den man heute vor allem durch Fellinis Verfilmung von 1969 kennt: *Satyricon* (heute leider nur noch teilweise erhalten) ist der Prototyp des Schelmenromans und zugleich eine literarische und gesellschaftliche Satire. Der Leser begleitet einen jungen Mann namens Encolpius, der vom Fruchtbarkeitsgott Priapus geplagt wird – als Parodie auf Odysseus, dem in der *Odyssee* Poseidon nach dem Leben trachtet. Der Höhepunkt des Romans ist das oft auch als einzelner Text herausgegebene *Essen bei Trimalchio*; diese Darstellung eines Gelages ist zum Sinnbild römischer Dekadenz geworden. Auch der folgende Abschnitt entstammt dieser Gelage-Szene. Das Szenario der Hexengeschichte (sat. 63) könnte ebenso gut einem modernen Horrorfilm entstammen. Es fehlte nur noch, dass der Kappadokier sagt: „Ich bin gleich zurück!“ (Zur Erklärung für alle Leser, die den Film *Scream* nicht kennen: Das bedeutet gemäß den Regeln des Genres, dass er eben *nicht* mehr wiederkommt.)

„Nachtweib“ ist eine interessante Bezeichnung für ein Monster und gemahnt an nachtaktive Gestalten wie Vampire, genau wie das zuvor im Text gebrauchte Wort „Nachtvögel“ (auch Vampire können ja in der modernen Vorstellung oftmals fliegen). All das wiederum verweist auf die natürliche Bedrohung, die die Dunkelheit der Nacht für die Menschen bedeutete. Immerhin war in der Antike an die Lichtverschmutzung der modernen Zivilisation noch nicht zu denken – wenn es Nacht wurde, gingen zumeist nicht die Lichter an, sondern es war einfach finster. Aber trotz elektrischen Lichtes ängstigen wir uns noch heute vor der Nacht und der Dunkelheit, und vor allem der Film spielt damit, mit Titeln wie *Alone in the Dark*, *Der Fluch von Darkness Falls* oder *Die Nacht der lebenden Toten*.

Das Wort „Nachtvogel" ist eine Übertragung des lateinischen *striga* – eine besondere Art von Hexe, die in der antiken Literatur als vogelartige Blutsaugerin beschrieben wird, die vor allem Kinder anfällt; erwähnt werden diese Wesen u. a. bei Ovid und Plinius d. Ä. Das lateinische Wort *striga* ist von *strix* abgeleitet, und das heißt einfach „Eule". Auch wenn die Eule in Griechenland als Vogel der Weisheitsgöttin Athene zumindest den Bewohnern der Stadt Athen heilig war (Stichwort: „Eulen nach Athen tragen"), so war sie im Volksglauben doch von jeher dazu angetan, als schlechtes Omen oder Verkörperung des Bösen zu gelten – als nachtaktiver Vogel mit großen Augen und markantem Schrei, den man noch dazu meist nur hört und gar nicht sieht. Spuren der Eule als Unglücksbote finden sich vom Alten Testament (Jes 13.21) bis in die Kinder- und Hausmärchen der Brüder Grimm (KHM 174). Und als Überbringerin von Botschaften von Hexe zu Hexe (wofür man die Eule im Mittelalter hielt) hat sie es bis in die *Harry-Potter*-Romane geschafft.

Die im Folgenden verwendete Petron-Übersetzung erschien 1804 in Leipzig und wurde von Adolf Gröninger (1772–1815) angefertigt, einem Mediziner aus dem Münsterland, der in Philologenkreisen vor allem für seine Übertragung der *Bekenntnisse* des Augustinus bekannt ist.

Auch ich will euch nun eine schreckliche Sache erzählen – wunderbar wie ein Esel auf dem Dache! Als ich noch behaart war (denn vom Knaben auf führte ich ein chiisches Leben), starb mein geliebter Iphis – eine Perle! So klug! So ein Ausbund!

Als nun die arme Mutter wehklagte und wir Übrigen alle voll Traurigkeit waren, begannen plötzlich Nachtvögel zu schreien, ein Hund verfolgte einen Hasen, hätte man glauben sollen.

Damals hatten wir einen Kappadokier im Haus, einen langen sehr kecklichen Mann, der es hätte mit dem erzürnten Jupiter aufnehmen können. Dieser zog sein Schwert, umwickelte mit Vorsicht die Linke, sprang zur Tür hinaus, und ein Weib, so wie ich es hier zeige (die Götter mögen behüten, was ich berühre!), stach er mitten durch. Wir hörten ein Geächze, und (ich lüge nicht!) sahen doch niemand.

Unser Mann trat wieder zu uns hinein und warf sich aufs Bett – sein ganzer Leib war bläulich wie von Geißelhieben, denn eine böse Hand hatte ihn berührt. Wir schlossen die Tür und fingen unsre Trauer wieder an. Doch als die Mutter ihres Sohns Leib umfasste – siehe da, es war ein Bündel Stroh! Da war kein Herz mehr, kein Eingeweide, nicht das Mindeste, denn die zauberischen Nachtvögel hatten den Leichnam gestohlen und dafür einen Strohsack untergeschoben.

Ich bitte euch, glaubt mir, es gibt dergleichen kundige Nachtweiber, und sie verkehren drunter und drüber!

Übrigens: jener lange Mensch, nie erhielt er seine Farbe wieder, ja nach einigen Tagen starb er rasend.

Philostrat: Die Empuse

Der Sophist Flavius Philostratos (ca. 165–ca. 249 n. Chr.) stammte von der Insel Lemnos. Er ging zur Ausbildung nach Athen und war zunächst dort und später auch in Rom ein bekannter Redner. Er erhielt Zugang zum Hof des Kaisers Septimius Severus und begleitete dessen Frau auf Reisen. Ihr widmete er auch sein achtbändiges Prosawerk über das geradezu abenteuerliche *Leben des Apollonios von Tyana*, die Biografie eines seinerzeit sehr bekannten neopythagoreischen Philosophen, der um 100 n. Chr. wirkte. Philostrats ausführliches Werk entstand 217–238 n. Chr.; als er es fertigschrieb, war die Kaiserin bereits verstorben. Viele der darin beschriebenen Erlebnisse sind indes kaum mehr als Anekdoten.

In dieser Erzählung begegnet Apollonios eine sogenannte Empuse. Empusen und Lamien (manchmal werden die Begriffe synonym gebraucht) sind frühe Vorformen des Vampirs. Empusen treten in verschiedener Gestalt auf, oft, wie hier, als schöne Frauen, die junge Männer betören, um schließlich ihr Fleisch zu fressen und ihr Blut zu trinken. Anders als die späteren Vampire waren sie jedoch vormals keine menschlichen Wesen, sondern sind Dämonen. Die Geschichte hier (Ap. 4.25) hat eine ganz besondere Qualität, da die Empuse eine komplette Phantomwelt aufzubauen imstande ist, die alle Anwesenden täuscht – außer natürlich den Philosophen. Nach manchen Überlieferungen sind die Empusen Kinder bzw. Geschöpfe von Hekate, der griechischen Göttin der Magie.

Verführerische schöne Frauen, die sich als böse und schädlich für den Mann entpuppen, gibt es freilich weit vorher, man denke nur an Kirke (s. S. 40 ff.) und die „schöngelockte“ Kalypso in der *Odyssee*; dort tauchen auch die todbringenden Sirenen auf, die die Seefahrer, je nach Überlieferung, nicht nur durch ihre schöne Stimme anlocken, sondern auch durch ihr schönes Äußeres (die Loreley lässt grüßen). Die Sirenen sind wahrscheinlich noch älter als Homers Epos, ein uraltes Märchenmotiv aus dem Mittelmeerraum. Eine Empuse und mehrere Lamien tauchen später in Goethes *Faust* auf, im „Walpurgisnachtstraum“.

Die Übersetzung hier, 1828 erschienen, stammt aus der Feder des Gothaer Philologen und Schriftstellers Friedrich Jacobs (1764–1847).

Er verfasste ein verbreitetes Altgriechisch-Lehrbuch und trat ansonsten vor allem als Herausgeber diverser kritischer Editionen antiker Texte in Erscheinung, z. B. der *Griechischen Anthologie*.

In jener Zeit philosophierte in Korinth Demetrius, ein Mann, welcher die ganze Kraft des Zynismus umfasste und den späterhin Phaborinos in vielen seiner Reden mit Beifall erwähnt hat. Dieser Mann fasste zu Apollonios eine Neigung wie vormals Antisthenes zur Weisheit des Sokrates, folgte ihm voll Lernbegierde und führte auch die ausgezeichnetsten seiner eigenen Schüler dem Apollonios zu. Unter diesen war auch der Lykier Menippos, welcher in einem Alter von fünfundzwanzig Jahren hinlänglich mit Geist begabt und wohlgebildet war, denn er glich an Gestalt einem schönen und edlen Athleten.

Viele hegten damals die Meinung, Menippos werde von einer fremden Frau geliebt. Diese Frau schien von schöner Gestalt zu sein, von vorzüglicher Zartheit und reich, wie sie sagten. Sie war aber nichts von alledem, sondern schien es nur zu sein. Als er nämlich eines Tages auf dem Wege nach Kenchreai allein wandelte, begegnete ihm ein Phantom in der Gestalt eines Weibes, fasste ihn bei der Hand und sagte, sie habe ihn lange geliebt, sie sei aus Phönizien und wohne in einer Vorstadt Korinths.

Sie nannte ihm die Vorstadt und setzte hinzu: „Wenn du am Abend dahinkommst, so werde ich dich mit Gesang und einem Weine bewirten, wie du noch nie getrunken hast. Auch wird dich kein Nebenbuhler beunruhigen, sondern wir werden zusammen leben – ein schönes Weib mit einem schönen Manne!"

Diese Worte besiegten den jungen Mann, welcher bei aller Kraft in der Philosophie doch der Liebe unterlag. Er besuchte sie am Abend und war auch nachher oft bei ihr wie bei einer Geliebten, ohne etwas von ihrer gespenstigen Natur zu ahnen.

Jetzt richtete Apollonios seine Blicke wie ein Bildhauer auf Menippos, fasste die Gestalt des Jünglings auf und betrachtete sie. Nachdem er ihn nun durchschaut hatte, sagte er: „Du schöner von schönen Weibern aufgesuchter Jüngling! Du hegst eine Schlange an deiner Brust und eine Schlange dich!"

Da sich nun Menippos hierüber wunderte, sagte er: „Du hast ein Weib, nicht eine Ehegattin. Glaubst du, von ihr geliebt zu sein?"

„Allerdings", antwortete Menippos, „nach der Zärtlichkeit, die sie mir beweist."

„Und wirst du sie heiraten?"

„Es ist ja erwünscht, ein Weib das uns liebt, zu heiraten."

„Und wann wird die Hochzeit sein?", fragte Apollonios.

„Ganz in der Kürze, vielleicht morgen."

Zur Zeit des Mahles nun, die sich Apollonios bemerkt hatte, trat er unter die Gäste, die sich soeben versammelt hatten, und sagte: „Wo ist die Holde, durch die ihr zum Male berufen seid?"

Hier antwortete Menippos und stand errötend auf.

„Und das Silber und das Gold und der übrige Schmuck des Gemachs – wem von euch beiden gehört es?"

„Der Frau", antwortete Menippos, „denn meine Habe ist nichts anderes als dies", wobei er auf seinen Mantel deutete.

„Habt ihr", sagte Apollonios, „die Gärten des Tantalos gesehen, welche sind und nicht sind?"

„Ja, im Homer", antworteten sie, „denn in den Hades sind wir nicht hinabgestiegen."

„Für das", fuhr er fort, „haltet denn nun auch diesen Schmuck, denn er ist nichts Wirkliches, sondern nur der Schein des Wirklichen. Und damit ihr versteht, was ich sage: Die edle Braut hier ist eine der Empusen, die man ‚Lamien' und ‚Grauengestalten' nennt. Sie trachten nicht sowohl nach Liebesgenuss als nach Fleisch, vornehmlich nach dem Fleische der Menschen, und sie locken diejenigen, die sie verzehren wollen, durch Liebeslust an."

Die Frau sagte hierauf: „Schweig, und geh!", wobei sie Ekel und Abscheu vor dem, was sie hörte, zu erkennen gab und auch wohl die Philosophen als aberwitzige Schwätzer verspottete.

Als aber die goldenen Gefäße und das, was Silber schien, in den Wind ging und alles vor den Augen schwand und die Weinschenken und Köche und die ganze Dienerschaft unsichtbar wurde, stellte sich das Phantom, als ob es weine, und bat ihm die Qual der Prüfung zu erlassen, um es nicht zum Geständnis dessen, was es sei, zu nötigen. Da er aber doch nicht abließ, sondern in sie drang, gestand sie, eine Empuse zu sein und dass sie den Menippos mit Wollust nähre, um ihn aufzuzehren. Denn sie pflege schöne und junge Leiber zu speisen, weil ihr Blut rein und vermischt sei.

Diese Geschichte, die eine der denkwürdigsten in dem Leben des Apollonios ist, habe ich ausführlich erzählen müssen. Viele kennen sie zwar, da sie sich mitten in Hellas begeben hat, aber sie haben nur ganz kurz so viel davon vernommen, dass er zu Korinth eine Lamie entdeckt habe; was sie aber tat und dass die Sache den Menippos betraf, wissen sie nicht.

Hexen und Werwölfe

Götter der Nacht, steht mit bei! Mit eurer Hilfe flossen die Flüsse, wenn ich es wünschte, zum Erstaunen der Ufer zur Quelle zurück. Ich beruhige stürmische Meere und wühle diejenigen, die ruhig sind, mit meinen Beschwörungen auf.

Ovid, *Metamorphosen* 7198 ff.

Horaz: Grausamer Liebestrank

Einer der bedeutendsten Dichter Roms und der beliebtesten Literaten zur Zeit des Augustus war Quintus Horatius Flaccus (65–8 v. Chr.). Er stammte, wie viele Schriftsteller, nicht aus Rom, sondern kam aus einer kleinen Stadt in Süditalien, wo sein Vater, ein freigelassener Sklave, es zu einigem Wohlstand gebracht hatte. Den Sohn schickte dieser auf die Rhetorenschule nach Rom und auf Studienreisen nach Athen. Leider ging der Vater pleite, und nach einem kurzen Intermezzo beim Militär nahm Horaz schließlich einen Job als Staatssekretär an. So lernte er den reichen Maecenas kennen, der bereits die Dichter Vergil und Properz finanzierte und Horaz in seinen Freundeskreis aufnahm. Der hier präsentierte Text entstammt Horaz' Sammlung von *Epoden*, einem Frühwerk, entstanden in 30er Jahren v. Chr. (epod. 5). „Epode“ ist ein moderner Fachbegriff, der bezeichnet, dass jeweils auf einen längeren Vers ein kürzerer folgt. Horaz selbst nannte diese satirischen Gedichte „Jamben“ und lehnte sich dabei an den griechischen Spottdichter Archilochos an.

In diesem Gedicht hier beschreibt Horaz einen Ritualmord: Die Hexen Canidia, Sagana, Veia und Folia stellen einen aphrodisischen Trank her und wollen als Zutaten das Knochenmark und die Leber eines Knaben verwenden, der so zart und hübsch ist, dass er „sogar des Thrakers verwildertes Herz“ erweicht hätte. Der Junge muss dazu natürlich getötet werden, aber zunächst ist er bis zum Hals eingegraben, und dem Hungrigen werden Speisen vorgehalten – so stellen die Hexen sicher, dass er mit einem intensiven Gefühl der Sehnsucht stirbt, offenbar eine wichtige Ausgangsbasis für den Liebestrank, den sie aus ihm brauen wollen. Diese Sehnsucht soll sich später durch den Trank auf einen gewissen Varus übertragen, dessen Zuneigung Canidia gewinnen will. Darauf muss man erst einmal kommen.

Um das Szenario für die Zeitgenossen noch grausamer zu machen, handelt es sich bei dem Jungen, der sterben muss und an den nichts ahnenden Varus „verfüttert“ werden soll, nicht etwa um einen Sklaven, sondern um einen freigeborenen Römer (darauf weist das Purpur am Gewand hin, im 7. Vers). Die Verwünschungen und Flüche des Jungen am Schluss, er wolle als Geist oder Untoter wiederkehren, setzen zwar einen starken Kontrapunkt, unterstreichen aber letztlich nur die Hilflosigkeit des Ausgelieferten.

Die Übersetzung stammt von Wilhelm Binder (1810–1876), einem ursprünglich evangelischen Theologen, der später zum Katholizismus übertrat. Neben anonym veröffentlichten theologischen Schriften (*Der Protestantismus in seiner Selbstauflösung*, 1843) übersetzte Binder diverse antike Schriftsteller ins Deutsche – nicht nur Horaz, sondern u. a. auch Vergil, Äsop, Theophrast und die berühmten *Dunkelmännerbriefe*.

„Bei allen Göttern, deren Macht den Himmel lenkt,
die Erde und aller Menschen Tun!
Was soll dies Lärmen und warum auf mich allein
ist grimmig aller Blick gewandt?
Bei deinen Kindern – wenn bei wahrer Niederkunft
hilfreich Lucina dir genaht –,
bei dieses Purpurs eitler Zier beschwöre ich dich,
bei Zeus, der dies ungnädig schaut:
Was blickst du mich stiefmütterlich und wie ein Tier,
vom Wurfgeschoß getroffen, an?“
Wehklagend, so mit bangem Mund stand beraubt
des Festgewands der Knabe da,
ein zarter Körper, der sogar des Thrakers
verwildertes Herz erweichte.
Canidia, die Natternbrut im Haargeflecht
und rau umlockten Angesichts
lässt wildes Feigenholz, von Gräbern abgepflückt,
Zypressen auch vom Leichenstein
und Eier, in der giftigen Kröte Blut getaucht,
mitsamt des Uhu Fittichen
dann Kräuter, die Iolkos und Hiberia
an Giften reich hervorgebracht,
und Knochen, einer nüchternen Hündin abgejagt,
verbrennen in der Zauberglut.
Geschäftig sprengt Sagana durchs ganze Haus
Giftwasser aus Avernus' Quelle.
Von Borstenhaaren starrt sie, Seeigeln gleich
und gleich dem Eber, wenn er rennt.
Auch Veia, durch Gewissensbisse nie gequält,
schöpft unterdes mit hartem Karst
den Boden aus, ermattet von Vorrichtungen,
worin der Knabe, eingescharrt,
bei zwei und drei Mal umgetauschtem Schaugericht
den Tag entlang hinsterben soll,
indessen nur den Körpern gleich der Schwimmenden
sein Antlitz übers Wasser ragt,
damit die Leber samt dem ausgesogenen Mark
zum Liebestrank dienen könnte,
wenn einmal nach versagter Speise starrend ihm

des Auges Kraft versiege,
dass Folia, das Mannweib aus Ariminum,
nicht fern davon gewesen sei,
hat Neapel geglaubt, die ruheliebende,
und jede Stadt der Nachbarschaft,
sie, welche durch thessalischen Beschwörungsspruch
Gestirn und Mond vom Himmel reißt.
Canidia, die grause, die mit gelbem Zahn
am unbeschnittenen Daumen nagt –
was sprach sie? Was verschwieg sie? „Oh, ihr meines Werks
nicht unbewährte Zeuginnen,
Nacht und Diana, die zu schweigen uns gebietet
beim Anbeginn geheimes Diensts,
jetzt helft, jetzt, jetzt, gegen meiner Feinde Haus
lenkt euren Zorn und eure Macht!
Dieweil das scheue Wild sich in den Wäldern birgt,
im süßen Schlummer hingestreckt,
sei allen zum Gespött der alte Buhler von
Saburas Hunden angebellt.
Er, der von Narben duftet, die vollkommener nicht
bereitet meine eigene Hand. –
Was ist geschehen? Warum denn wirkt weniger
der Barbarin Medea Gift,
womit sie fliehend Rache am stolzen Nebenweib,
des großen Kreon Tochter, nahm,
als dass der jungen Braut geschenkte Festgewand
durch Feuer jene hingerafft?
Und doch entging kein Kraut und keine Wurzel mir,
in Wüsteneien tief versteckt.
Er schlummert auf dem Pfuhl, den ich gesalbt mit
Vergessen aller Nebenfrauen. –
Haha! Befreit vom Bannspruch einer kundigeren
Giftmischerin wandelt er dahin!
Durch ungewohnte Tränke, Varus, sollst du mir,
oh Haupt, das viel noch weinen wird,
zurückkehren! Nimmer schafft ein marsischer
Beschwörungsspruch dir hellen Sinn.
Ein stärkeres Gift bereite ich dir, ein stärkeres
kredenze ich dir, der mich verschmäht!

Eher senke in Meerestiefe sich des Himmels Zelt
von Erde ringsum überwölbt,
eher also nicht von Liebe gegen mich du brennst
wie Harz in schwarzer Kohlenglut!“
Dagegen sucht der Knabe nicht mehr wie zuvor
zu rühren der Verruchten Herz.
Im Zweifel vielmehr, was er spreche, brach er nun
in Flüche gleich Thyestes aus:
„Zwar mag in Unrecht großes Recht das Zaubergift
umwandeln, doch Vergeltung nicht!
Mit Flüchen jage ich euch umher, kein Opfertier
sühnt die Verwünschung je!
Ja, wenn ich sterben muss auf euer Machtgebot,
erscheine ich nachts, ein Schrecken euch,
ein Schatten, hacke ich euer Gesicht mit krummen Klauen,
wie es nur die Geisterwelt vermag,
und fest an eure ruhelose Brust gebannt,
raube ich durch Angst den Schlummer euch!
Mit Steinen soll straßauf, straßab der Pöbel euch
verfolgen, altes Schandgezücht!
Einst zerren Wölfe euer unverscharrtes Gebein
und Esquiliner Raubgeschmeiß.
Und meinen Eltern (ach, dass sie mich überlebt!)
soll dieses Schauspiel nicht entgehen!“

Homer: In den Fängen der Kirke

Abgesehen von der Frage, ob es Homer als Person wirklich gab oder ob ein „Redaktionsteam“ hinter den Epen steckte, ist man sich heute einig, dass Homers *Ilias* und *Odyssee* (verfasst etwa um 750 v. Chr.) den Ausgangspunkt aller europäischen Literatur bilden. Bei Homer fanden alle Kultur und alles Geistesleben Europas ihren Anfang. Seit dem klassischen Griechenland war Homer Schullektüre, und weder Vergils *Aeneis* noch Dantes *Göttliche Komödie* wären ohne ihn möglich gewesen (von Joyce' *Ulysses* ganz zu schweigen).

In der *Odyssee* begegnen uns zahlreiche Mythen und Märchen, so auch die umfassendste Darstellung der berüchtigtsten Zauberin der Antike: Kirke, die Odysseus' Männer in Schweine verwandelt und ihn verführt, damit er bei ihr bleibt und seine Heimfahrt nach Ithaka nicht fortsetzt (Od. 10 135 ff.), ist die erste Hexe der griechischen Literatur. Sie ist die geradezu archetypische Zauberin des Mythos; ihre Charakterisierung schlägt eine Brücke bis zu den Hexen des mittelalterlichen Volksglaubens, genau wie die Verwendung von Kräutern und Pflanzen ihrerseits, um magische Tränke zu brauen. Eine ähnliche Figur ist Medea, manchen Überlieferungen zufolge Kirkes Nichte.

Der Mythos von Verwandlungen wie derjenigen von Odysseus' Gefährten in Schweine ist eine der bekanntesten Episoden der *Odyssee*. Wie viele antiken Mythen hat sie mittlerweile eine ganz reale Erklärung erfahren: Medizinhistoriker sind der Meinung, ein Zaubertrank, wie Kirke ihn verwendet („betörende Säfte“), hätte zu einer anticholinergen Intoxikation führen können. Eine solche Reaktion rufen Pflanzen wie Bilsenkraut, Stechapfel oder Tollkirsche hervor, die seit prähistorischer Zeit von Schamanen und Medizinmännern als bewusstseinsverändernde Mittel verwendet wurden. Zu den Symptomen gehören Wahnvorstellungen, optische und akustische Halluzinationen, Desorientiertheit und auch Gedächtnisverlust.

Das passt zu den Gefährten, die ihre Heimat vergessen; dass die ursprüngliche Fassung des Mythos beschrieb, dass die Gefährten in den Schweinestall gesperrt wurden und vielleicht lediglich halluzinierten, sie seien Schweine, ist durchaus denkbar. Solche allesamt mündlich weitergetragenen Erzählungen haben bis zur Verschriftlichung von *Ilias* und *Odyssee* im 8. Jahrhundert v. Chr. mit Sicherheit mancherlei Ausschmückung erfahren. Zu dieser Erklärung passt außerdem die Beschreibung des weiß blühenden Wunderkrauts „Moly“ als Gegengift – damit könnte nämlich das Schneeglöckchen (Galanthus nivalis) gemeint sein, das seinerseits das Alkaloid Galantamin enthält – ein wirksames Mittel gegen das anticholinerge Syndrom.

Die metrische Übersetzung hier erschien 1781 und stammt von Johann Heinrich Voß (1751–1826) aus dem mecklenburgischen Waren an der Müritz. Voß war einer der wichtigsten Vermittler antiker Literatur in der Neuzeit. Seine Homerübertragungen waren äußerst einflussreich, und sein meisterhafter Umgang mit der Sprache machte vielen Deutschen (auch vielen Literaten) die homerischen Werke überhaupt erst bekannt. Außerdem übersetzte er u. a. Vergil, Hesiod und Aristophanes.

Und wir kamen zur Insel Aiaia. Diese bewohnte
Kirke, die schöngelockte, die hehre melodische Göttin,
eine leibliche Schwester des allerfahrenen Aietes.
Beide stammten vom Gotte der menschenerleuchtenden Sonne;
ihre Mutter war Perse, des großen Okeanos' Tochter.
Allda liefen wir still mit unserem Schiff ans Gestade
in die schirmende Bucht; ein Gott war unser Geleiter.
Und wir stiegen ans Land, wo wir zwei Tage und zwei Nächte
ruhten, zugleich von der Arbeit und von dem Kummer entkräftet.

Als nun die Morgenröte des dritten Tages emporstieg,
nahm ich die Lanze in die Hand und hängte das Schwert um die
Schulter,
eilte vom Schiff und bestieg den Hügel, ob ich vielleicht wo
Spuren von Menschen erblickte und ihre Stimme vernähme.
Als ich jetzt von der Höhe des schroffen Felsen umhersah,
kam es mir vor, dass Rauch von der weitumwanderten Erde
hinter dem dicken Gebüsch aus Kirkes Wohnung emporstieg.
Jetzt sann ich umher und erwog den wankenden Vorsatz,
hin nach dem dunkeln Rauch zu gehen und weiterzuforschen.
Dieser Gedanke erschien mir Zweifelndem endlich der beste:
erst zu dem schnellen Schiff zu gehen am Strand des Meeres,
meine Genossen mit Speise zu stärken und Späher zu senden.
Als ich schon nahe war dem gleichberuderten Schiff,
da erbarmte sich mein, des Einsamen, einer der Götter,
und es lief ein gewaltiger Hirsch mit hohem Geweih
mir auf den Weg; er sprang aus der Weide des Waldes zum Bach
lechzend hinab, denn ihn brannten bereits die Strahlen der Sonne.
Diesen schoss ich im Lauf und traf ihm die Mitte des Rückgrats,
dass die eherne Lanze am Bauche wieder herausfuhr;
schreiend stürzte er dahin in den Staub, und das Leben entflog ihm.
Hierauf zog ich, den Fuß anstemmend, die eherne Lanze
aus der Wunde zurück und legte sie dort auf den Boden
nieder. Dann brach ich am Bache mir schwanke Weidenruten,
drehte links und rechts ein klafterlanges Geflecht
und verband die Füße des mächtigen Ungeheuers,
hängte es mir um den Hals und trug es zum schwärzlichen Schiff,
auf die Lanze gestützt; denn einer Schulter und Hand war
viel zu schwer die Last des riesenhaften Tieres.

Vor dem Schiff warf ich es hin und redete jedem
meiner Genossen zu mit diesen freundlichen Worten:
„Ihr Lieben, wir werden ja doch, trotz unserem Gram, nicht früher
sinken in Hades' Reich, ehe der Tag des Schicksals uns abruft,
auf denn, so lange das Schiff noch Trank und Speise verwahrt,
esst nach Herzensbegier, damit uns der Hunger nicht töte!"
Also sprach ich; und schnell gehorchten sie meinem Befehl,
kamen aus ihren Hüllen am Ufer des wüsten Meeres
und verwunderten sich des riesenmäßigen Hirsches.
Und nachdem sie die Augen an seiner Größe geweidet,
wuschen sie ihre Hände, das herrliche Mahl zu bereiten.

Also saßen wir dort den Tag, bis die Sonne sich neigte,
an der Fülle des Fleisches und süßen Weines uns labend.
Als die Sonne nun sank und Dunkel die Erde bedeckte,
legten wir uns zum Schlummer am Strand des rauschenden
Meeres.
Als die dämmernde Frühe mit Rosenfingern erwachte,
rief ich alle Gefährten zur Ratsversammlung und sagte:
„Hört jetzt mich an, ihr meine Genossen im Unglück!
Freunde, wir wissen ja nicht, wo Abend oder wo Morgen;
nicht, wo die leuchtende Sonne sich unter die Erde hinabsenkt,
noch, wo sie wiederkehrt: Drum müssen wir schnell uns bedenken,
ist noch irgendein Rat; ich sehe keinen mehr übrig.
Denn ich umschaute dort von der Höhe des zackigen Felsens
diese Insel, die rings das unendliche Meer umgürtet,
nahe liegt sie am Land; und in der Mitte der Insel
sah ich Rauch, der hinter dem dicken Gebüsche hervorstieg."

Also sprach ich; und ihnen brach das Herz vor Betrübnis,
da sie des Laistrygonen Antiphates Taten bedachten
und des Kyklopen Gewalt, des grausamen Menschenfressers.
Und sie weinten laut und vergossen häufige Tränen.
Aber sie konnten ja nichts mit ihrer Klage gewinnen.
Jetzt teilte ich die Schar der wohlgeharnischten Freunde
in zwei Haufen und gab jedwedem einen Gebieter.
Diesen führte ich selbst, der edle Eurylochos jenen.
Eilend schüttelten wir im ehernen Helme die Lose;
und das Los des beherzten Eurylochos sprang aus dem Helm.

Dieser machte sich auf mit zweiundzwanzig Gefährten,
weinend gingen sie fort und verließen uns trauernd am Ufer.

Und sie fanden im Tal des Gebirges die Wohnung der Kirke,
von gehauenen Steinen, in weitumschauender Gegend.
Ihn umwandelten rings Bergwölfe und bemähnte Löwen,
durch die verderblichen Säfte der mächtigen Kirke bezaubert.
Diese sprangen nicht wild auf die Männer, sondern sie stiegen
schmeichelnd an ihnen empor mit langen wedelnden Schwänzen.
So umwedeln die Hunde den Hausherrn, wenn er vom Schmause
wiederkehrt, denn er bringt beständig leckere Bissen:
So umwedelten sie starkklauige Löwen und Wölfe.
Aber sie fürchteten sich vor den schrecklichen Ungeheuern,
und sie standen am Hofe der schöngelockten Göttin
und vernahmen im Haus anmutige Melodien.

Singend webte Kirke den großen unsterblichen Teppich,
fein und lieblich und glänzend, wie aller Göttinnen Arbeit.
Unter ihnen begann der Völkerführer Polites,
welcher der liebste mir war und geehrteste meiner Genossen:
„Freunde, hier wirkt jemand und singt am großen Gewebe
reizende Melodien, dass rings das Getäfel ertönt;
eine Göttin, oder ein Weib? Wir wollen sie rufen!“
Also sprach Polites, die Freunde gehorchten und riefen.
Jene kam und öffnete schnell die strahlende Pforte,
nötigte sie – und alle, die Unbesonnenen, folgten.
Nur Eurylochos blieb, denn er vermutete Böses.
Und sie setzte die Männer auf prächtige Sessel und Throne,
mengte geriebenen Käse mit Mehl und gelblichem Honig
unter pramnischen Wein und mischte betörende Säfte
in das Gericht, damit sie der Heimat gänzlich vergäßen.

Als sie dieses empfangen und ausgeleert, da rührte
Kirke sie mit der Rute und sperrte sie dann in die Koben,
denn sie hatten von Schweinen die Köpfe, Stimmen und Leiber,
auch die Borsten; allein ihr Verstand blieb völlig wie vormals.
Weinend ließen sie sich einsperren, da schüttete Kirke
ihnen Eicheln und Buchenmast und rote Kornelkirschen
vor, das gewöhnliche Futter der die Erde aufwühlenden Schweine.

Und Eurylochos kam zum schwärzlichen Schiff geeilt,
um uns das herbe Verhängnis der übrigen Freunde zu melden.
Aber er konnte kein Wort sprechen, so gern er auch wollte,
denn die entsetzliche Angst beklemmte sein Herz, die Augen
waren mit Tränen erfüllt, und Jammer umschwebte die Seele.

Lange hatten wir alle ihn voll Erstaunen befragt,
endlich hub er an und erzählte der Freunde Verderben:
„Edler Odysseus, wir gingen, wie du befahlst, durch die Waldung!
Fanden im Tal des Gebirges die schöngebaute Wohnung,
von gehauenen Steinen, in weitumschauender Gegend!
All da wirkte jemand und sang am großen Gewebe –
eine Göttin oder ein Weib? Ihr riefen die anderen.
Jene kam und öffnete schnell die strahlende Pforte,
nötigte sie; und alle (die Unbesonnenen!) folgten.
Ich allein blieb draußen, denn ich vermutete Böses!
Aber mit einmal waren die anderen verschwunden und keiner
kehrte zurück, solange ich auch saß und nach ihnen mich umsah."

Also sprach er, und ich warf eilend das silberbeschlagene
große eherne Schwert um die Schulter samt Bogen und Köcher
und befahl ihm, mich gleich des selbigen Weges zu führen.
Aber er fasste mir flehend mit beiden Händen die Knie
und wehklagte laut und sprach die geflügelten Worte:
„Göttlicher, lasse mich hier und führe mich nicht mit Gewalt hin!
Denn ich weiß es, du kehrst nicht wieder von dannen und bringst
keinen Gefährten zurück! Drum lass uns geschwind mit diesen
fliehen! Vielleicht, dass wir noch dem Tage des Fluches entrinnen!"
Also sprach er; und ich antwortete wieder und sagte:
„Nun so bleibe denn du, Eurylochos, hier auf der Stelle,
iss und trink dich satt bei dem schwarzen gebogenen Schiff,
aber ich gehe allein. Denn ich fühle die Not, die mich hintreibt."
Also sprach ich und ging von dem Schiff und dem Ufer des Meeres.

Jetzt näherte ich mich, die heiligen Tale durchwandelnd,
schon dem hohen Palast der furchtbaren Zauberin Kirke;
da begegnete mir Hermeias mit goldenem Stabe
auf dem Wege zur Burg, an Gestalt ein blühender Jüngling,
dessen Wange sich bräunt im holdesten Reize der Jugend.

Dieser gab mir die Hand und sagte mit freundlicher Stimme:
„Armer, wie gehst du hier so allein durch die bergige Waldung,
da du die Gegend nicht kennst? Bei Kirke sind deine Gefährten
eingesperrt, wie Schweine in dichtverschlossenen Ställen.
Gehst du etwa dahin, sie zu retten? Ich fürchte, du kehrest
nicht von dannen zurück, du bleibst selbst bei den anderen.
Aber wohlan! ich will dich vor allem Übel bewahren!
Nimm dies heilsame Mittel und gehe zum Hause der Kirke,
sicher, von deinem Haupte den Tag des Fluches zu wenden.
Alle verderblichen Künste der Zauberin will ich dir nennen.
Weinmus rührt sie dir an und mischt ihr Gift in die Speise:
dennoch gelingt es ihr nicht, dich umzuschaffen – die Tugend
dieser heilsamen Pflanze verhindert sie. Höre nun weiter.
Wann dich Kirke darauf mit der langen Rute berührt,
siehe, dann reiße du schnell das geschliffene Schwert von der Hüfte,
spring auf die Zauberin los und drohe sie gleich zu erwürgen.
Diese wird in der Angst zu ihrem Lager dich rufen;
und nun weigere dich nicht und besteige das Lager der Göttin,
dass sie deine Gefährten erlöse und dich selber bewirte.
Aber sie schwöre zuvor der Seligen großen Eidschwur,
dass sie bei sich nichts anderes zu deinem Schaden beschlossen,
dass sie dir Waffenlosem nicht raube Tugend und Stärke."

Also sprach Hermeias und gab mir die heilsame Pflanze,
die er dem Boden entriss, und zeigte mir ihre Natur an:
ihre Wurzel war schwarz und milchweiß blühte die Blume;
„Moly" wird sie genannt von den Göttern. Sterblichen Menschen
ist sie schwer zu graben; doch alles vermögen die Götter.
Und der Argos-Besieger enteilte zum hohen Olymp
durch die waldichte Insel; ich ging zum Hause der Kirke
hin und viele Gedanken bewegten des Gehenden Seele.
Und ich stand an der Pforte der schöngelockten Göttin,
stand und rief; und die Göttin vernahm des Rufenden Stimme
kam sogleich und öffnete mir die strahlende Pforte,
nötigte mich herein; und ich folgte mit traurigem Herzen.
Hierauf führte sie mich zu ihrem silberbeschlagenen
schönen prächtigen Thron mit Füße stützendem Schemel,
mischte mir dann ein Gemüse im goldenen Becher zu trinken
und vergiftete es tückisch mit ihrem bezaubernden Saft.

Und sie reichte mir es hin; ich trank es und ohne Verwandlung.
Darauf berührte sie mich mit der Zauberrute und sagte:
„Gehe nun in den Koben und liege bei deinen Gefährten."

Also sprach sie; da riss ich das schneidende Schwert von der Hüfte,
sprang auf die Zauberin los und drohte sie gleich zu erwürgen:
aber sie schrie und eilte gebückt, mir die Knie zu fassen;
laut wehklagend rief sie die schnellgeflügelten Worte:
„Wer, welches Volkes bist du? Und wo ist deine Geburtsstadt?
Staunen ergreift mich, da dich der Zaubertrank nicht verwandelt!
Denn kein sterblicher Mensch ist diesem Zauber bestanden,
welcher trank, sobald ihm der Wein die Zunge hinabglitt.
Aber du trägst ein unbezwingliches Herz in dem Busen!
Bist du jener Odysseus, der, viele Küsten umirrend,
wenn er von Ilion kehrt im schnellen Schiff, auch hierher
kommen soll, wie der Gott mit goldenem Stabe mir sagte?
Lieber! So stecke dein Schwert in die Scheide und lass uns zusammen
unser Lager besteigen, damit wir, beide versöhnt
durch die Freuden der Liebe hinfort einander vertrauen!"

Also sprach sie, und ich antwortete wieder und sagte:
„Kirke, wie kannst du begehren, dass ich dir freundlich begegne?
Da du meine Gefährten im Hause zu Schweinen gemacht hast
und mich selber behältst und mir arglistig befiehlst,
in die Kammer zu gehen und auf dein Lager zu steigen,
dass du mich Waffenlosen der Tugend und Stärke beraubst?
Nein! Ich werde nimmer dein Lager besteigen, oh Göttin,
du willfahrst mir denn, mit hohem Schwur zu geloben,
dass du bei dir nichts anders zu meinem Verderben beschließest!"
Also sprach ich; und eilend beschwor sie, was ich verlangte.
Als sie es jetzt gelobt und vollendet den heiligen Eidschwur,
da bestieg ich mit Kirke das köstlich bereitete Lager.

Und in dem hohen Palaste der schönen Zauberin dienten
vier holdselige Mägde, die alle Geschäfte besorgten.
Diese waren Töchter der Quellen und schattigen Haine
und der heiligen Ströme, die in das Meer sich ergießen.
Eine von diesen bedeckte die Throne mit zierlichen Polstern –
oben legte sie Purpur und unten den leinenen Teppich. [...]

Und die ehrbare Wirtschafterin kam und tischte das Brot auf
und viele Gerichte aus ihrem gesammelten Vorrat
und befahl mir zu essen. Doch meinem Herzen gefiel es nicht,
sondern ich saß zerstreut und ahnte Böses im Herzen.
Kirke bemerkte mich jetzt, wie ich dasaß, ohne die Speise
mit den Händen zu rühren, versunken in tiefe Schwermut;
und sie nahte sich mir und sprach die geflügelten Worte:
„Warum sitzt du so wie ein Stummer am Tisch, Odysseus,
und zerquälst dein Herz und rührst nicht Speise noch Trank an?
Ist dir noch bange vor Hinterlist? Du musst dich nicht fürchten!
Denn ich habe dir es ja mit hohem Eid geschworen!"
Also sprach sie; und ich antwortete wieder und sagte:
„Kirke, welcher Mann, dem Recht und Billigkeit obliegen,
hätte das Herz, sich eher mit Trank und Speise zu laben,
ehe er die Freunde gerettet und selbst mit Augen gesehen?
Darum, wenn du aus Freundschaft zum Essen und Trinken mich nötigst;
gib sie frei und zeige sie mir, die lieben Gefährten!"

Also sprach ich. Sie ging, in der Hand die magische Rute,
aus dem Gemach und öffnete schnell die Tür des Kobens,
und trieb jene heraus, in Gestalt neunjähriger Eber.
Alle stellten sich jetzt vor die mächtige Kirke und diese
ging umher und bestrich jedweden mit heilendem Safte.
Siehe, da sanken herab von den Gliedern die scheußlichen Borsten
jenes vergifteten Tranks, den ihnen die Zauberin eingab.
Männer wurden sie schnell und jüngere Männer denn vormals,
auch weit schönerer Bildung und weit erhabeneres Wuchses.
Und sie erkannten mich gleich und gaben mir alle die Hände;
alle huben an, vor Freude zu weinen, dass ringsum
laut die Wohnung erscholl. Es jammerte selber die Göttin.

Und sie nahte sich mir, die hehre Göttin und sagte:
„Edler Laërtiade, erfindungsreicher Odysseus,
Gehe nun hin zu dem rüstigen Schiff am Strand des Meeres;
zieht vor allen Dingen das Schiff ans trockne Gestade
und verwahrt in den Höhlen die Güter und alle Geräte.
Dann komm eilig zurück und bringe die lieben Gefährten."
Also sprach sie und zwang mein edles Herz zum Gehorsam.

Apuleius: Eine Zauberin zur Herrin

Die folgende Erzählung stammt wieder von Apuleius (s. S. 13), aus seinem Roman *Der goldene Esel*. Hier kommen die satirischen und humorvollen Aspekte des Romans besonders gut zur Geltung: Das Herbeizaubern eines hübschen Jünglings schlägt fehl, und der Protagonist verwandelt sich statt in einen Uhu oder Adler in einen Esel – seine Liebste hat nach der falschen Zaubersalbenbüchse gegriffen. Dennoch ist auch hier die Beschreibung der Herrin, die ein Doppelleben als Hexe führt, ganz deutlich in bedrohlichen Farben gezeichnet.

In dieser Passage (met. 3.15 ff.) wird ein Leitmotiv des Romans besonders deutlich: Der Protagonist Lucius ist ein begabter junger Mann, der aber seine Neugier einfach nicht bezwingen kann. Immer wieder wird ihm von etwas abgeraten, aber er hört nicht, und so muss er selbst herausfinden, was passiert, wenn er dies und jenes tut. Und dabei leidet er schrecklich, denn selbstverständlich stolpert er von einem Schlamassel in den nächsten, zumal als Esel, der ständig verprügelt wird und am Ende noch seiner Herrin sexuell zu Diensten sein muss. Hätte er bloß auf seine Photis gehört!

Der goldene Esel geht übrigens, wie so vieles in der römischen Literatur, auf einen griechischen Stoff zurück: Apuleius nahm sich den Roman eines Griechen namens Lukios zur Vorlage, der heute leider verloren ist und von dem wir nur eine Zusammenfassung kennen. Ob Lukios bereits die gleiche verschachtelte Erzählweise verwendete wie Apuleius, ob es sich vielleicht sogar um eine Übersetzung handelt, wissen wir leider nicht. Immerhin, eine komplett werkgetreue Übersetzung wird es nicht gewesen sein, denn Apuleius' Roman hat ein anderes Ende als das Original. Den *Goldenen Esel* hätte im Übrigen beinahe dasselbe Schicksal ereilt wie sein Vorbild – er überlebte das Mittelalter in nur einer einzigen Abschrift.

Die Übersetzung hier stammt wieder von August Rode, der neben Apuleius auch noch Ovid und Vitruv ins Deutsche übertragen hat. Zunächst reüssierte Rode mit einer Übersetzung der berühmt gewordenen Apuleius-Geschichte von Amor und Psyche, bevor man ihn bat, den Rest des *Goldenen Esels* auch noch zu übersetzen.

„Höre die erstaunlichen Geheimnisse meiner Herrin, durch welche sie über die Verstorbenen Gewalt hat – Sterne verdunkelt, Geister bannt, und ihr alle Elemente dienstbar sind. Dieser Macht aber bedient sie sich niemals so ganz, als wann ihr die Reize eines jungen Menschen das Herz gefangen haben, welches gar oft ihr Fall ist.

Alleweile ist sie sterblich in einen schönen Böotier verliebt. Seinetwegen zieht sie alle Saiten ihrer Kunst auf und setzt mit dem heißesten Eifer alle ihre Triebräder in Bewegung. Meine Ohren haben es gestern Abend noch gehört, dass sie die Sonne mit Verdunkelung und ewiger Finsternis bedrohte, wo sie nicht sofort vom Himmel wich und der Nacht Platz machte, damit sie desto früher ihre Bezauberungen vollführen könnte.

Gestern, als sie aus dem Bad kam, hatte sie diesen jungen Menschen von ungefähr in einer Barbierstube sitzen sehen. Gleich musste ich hin, die ihm abgeschorenen, auf der Erde liegenden Haare heimlich wegzuholen.

So verstohlen als ich auch dabei zu Werke ging, so ertappte mich dennoch der Barbier darüber, und weil wir einmal allenthalben schädlicher verbotener Künste wegen verschrien sind, so fuhr er mich auch an wie die Sau den Bettelsack.

‚Du Spitzbübin', schrie er, ‚wirst du mir bald das Wegstibitzen der Haare unserer schönen Kerls lassen? Wo du mir das noch lange so treibst, so werde ich dich ohne Gnade und Barmherzigkeit bei den Gerichten angeben.'

Bei der schönen Anrede ließ er es aber nicht bewenden, sondern fasste mich und visitierte mich vom Kopf bis auf die Füße und riss mir in größter Bosheit alle aufgelesenen Haare wieder aus dem Busen, wohin ich sie gesteckt hatte.

Höchst betrübt über den Vorfall, denke ich nicht anders als: Ich muss nun zum Tor hinauslaufen. Denn ich kenne meine Herrin schon. So eine fehlgeschlagene Hoffnung kann sie wie rasend machen, und gewöhnlich muss ich es entgelten. Dennoch, aus Liebe zu dir, konnte ich mich zur Flucht nicht entschließen. Ich mache mich also wieder nach Hause auf.

Um gleichwohl nicht mit leeren Händen zu erscheinen, nehme ich ein paar Ziegenhaare mit, welche ich unterwegs von einigen fix und fertigen Schläuchen abscheren sah. Sie waren dem blonden Haar des Böotiers sehr ähnlich, und meine Herrin wurde richtig davon getäuscht.

Wie wahnsinnig steigt meine Pamphile bei einbrechender Nacht, noch ehe du vom Schmaus zurück warst, auf ihren Erker. Mit Schindeln gedeckt, allenthalben frei, dem Winde offen und nach jeglicher Himmelsgegend aussehend, ist dieser zu den magischen Hantierungen höchst bequem und wird von ihr immer insgeheim besucht.

Erst rüstet sie diese ihre Werkstatt mit all ihrem abscheulichen Geräte aus. Mit jeglicher Art von Spezereien, mit Platten, die mit unkennbaren Zeichen beschrieben, mit alten Steuern gescheiterter Schiffe. Auch tote, halbverweste Körper müssen mit ihren Gliedmaßen aufputzen helfen. Hier stellt sie Nasen und Finger auf, dort Galgennägel mit Stücken Armer-Sünder-Fleisch, da aufbewahrtes Blut von Erschlagenen, dort verstümmelte Schädel, welche den Zähnen wilder Tiere entrissen worden. Sodann bespricht sie rauchende Eingeweide und gießt opfernd bald Quellwasser aus, bald Kuhmilch, bald Berghonig, bald auch Met.

Endlich, nachdem sie die vermeinten Haare ihres Liebhabers in mancherlei Knoten geknüpft und vielfach durcheinandergeschlungen, übergibt sie dieselben lebendigen Kohlen und lässt sie nebst vielem Rauchwerke verbrennen. Nicht sobald knistern und knastern diese Haare in der Glut, als vermöge der unwiderstehbaren Kraft der Magie und der Hilfe gebannter Geister jene Maschinen, denen sie zugehören, menschliches Leben annehmen. Sie fühlen, hören und gehen, und dem Geruche ihrer verbrannten Hülle folgend, kommen sie, anstatt des Böotiers, gegen unsere Tür anmarschiert und wollen herein.

Da musstest du, mein Lucius, nun eben mit einem kleinen Räuschchen nach Hause kommen, von Wein und Finsternis getäuscht sie, wer weiß wofür, ansehen und mit gezücktem Schwerte, gleich dem rasenden Ajax, über sie herfallen, um nicht zwar wie er eine Herde lebendiger Schafe niederzumetzeln, sondern noch weit eine herrlichere Heldentat zu verrichten, um drei aufgeblasene Bockschläuche zu entseelen, damit ich dich nach rühmlich vollbrachter Niederlage deiner Feinde, unbesudelt von Blut, nicht als Menschen, sondern als Schlauchmörder in meine Arme schließen möchte."

Um Photis an Witz nichts schuldig zu bleiben, versetzte ich: „Ei, so kann ich ja diesen ersten meiner Siege schon neben die zwölf Arbeiten des Herkules stellen! Denn gleichwie er den dreifachen Geryon oder den dreiköpfigen Cerberus, so habe ich drei Schläuche mit einmal besiegt. Allein willst du, dass alle Schuld, die mir so viel Herzeleid verursacht hat, dir aufrichtig und ganz von Herzen vergeben sei, so musst du mir zugestehen, worum ich dich jetzt auf das Inständigste bitte: Zeige mir einmal deine Herrin, liebe Photis, wenn sie in einem magischen Prozess begriffen ist und die Götter anruft, oder lass sie mich nur sehen, wann sie sich verwandelt hat! Denn von Magie kann niemand ein eifrigerer Liebhaber sein als ich.

Auch bist du gewiss selbst nichts weniger als neu und unerfahren darin, das merke ich am besten. Würdest du sonst einen Menschen, der sich nie etwas aus Mädchen gemacht hat, durch diese funkelnden Augen, diese Rosenwangen, dies glänzende Haar, diese wollüstigen Küsse, diesen duftenden Busen so sehr an dich haben fesseln können, dass er dir freiwillig wie ein Leibeigener zugetan ist? Denn frage ich wohl nach meiner Heimat oder denke ich an die Abreise? Ich lebe, webe und bin allein in deiner Umarmung."

„Wie sehr wünschte ich", antwortete Photis, „dass ich dir gewähren könnte, was du von mir verlangst, lieber Lucius! Wenn nur meine Herrin nicht immer aus Abgunst die Einsamkeit suchte und jedermanns Gegenwart mied, sobald sie dergleichen heimliche Sachen vornimmt! Indessen soll dennoch dein Begehren meiner Gefahr vorgehen und bei erstem gelegenem Augenblick, den ich wahrnehme, ihm Genüge geschehen. Aber du musst in dieser wichtigen Sache auch hübsch verschwiegen sein, so wie ich es gleich anfangs von dir gefordert habe."

Während dem Gespräche waren unvermerkt unsere Lüste und Begierden wach geworden und hatten unsere Sinne erregt. Wir entledigen uns jeglicher Hülle und überließen uns also dem Taumel der Wollust. Schon ermattete ich und glaubte alles Vergnügen erschöpft, als Photis aus eigener Freigebigkeit eine neue Quelle der Lust mir eröffnete und zum Beschluss mich noch der Freuden Übermaß schmecken ließ.

Nun sank auf unsere vom Wachen schweren Augenlider der Schlaf und schloss sie bis zum hellen Morgen.

Kaum waren uns auf diese Art noch ein paar Nächte in Wonne verstrichen, als Photis eilfertig und schüchtern eines Tags zu mir hereinhuscht und mir verkündigt: Diese Nacht würde ihre Herrin sich befiedern und zu ihrem Geliebten hinfliegen; denn ihre übrigen Künste wollten bei dieser ihrer Liebe nicht anschlagen. Ich sollte mich also fertig halten, diesen wichtigen Prozess insgeheim mit anzusehen.

Sobald es Nacht war, holt sie mich ab und führt mich leisen, unhörbaren Tritts hinauf an die Erkerstube. Da zeigt sie mir eine verborgene Ritze in der Tür und lässt mich hindurchgucken, wo ich denn Folgendes sah:

Allererst zieht sich Pamphile fasernackt aus. Nachher schließt sie eine Lade auf, woraus sie verschiedene Büchsen nimmt. Eine von diesen Büchsen öffnet sie und holt daraus eine Salbe, die sie so lange zwischen beiden Händen reibt, bis sie völlig zergangen ist, alsdann beschmiert sie sich damit von der Ferse bis zum Scheitel.

Nun hält sie ein langes, heimliches Gespräch mit ihrer Lampe.

Darauf schüttelt und rüttelt sie alle ihre Glieder. Diese sind nicht sobald in wallender Bewegung, als daraus schon weicher Flaum hervortreibt. In einem Augenblick sind auch starke Schwungfedern gewachsen, hornig und krumm ist die Nase; die Füße sind in Krallen zusammengezogen.

Da steht Pamphile als Uhu!

Sie erhebt ein grässliches Geheul und hüpft zum Versuche am Boden hin. Endlich hebt sie sich auf ihren Flügeln in die Höhe und in vollem Fluge hinaus zum Erker!

Also wurde Pamphile vorsätzlicherweise durch ihre magische Wissenschaft verwandelt. Sonder Zauber aber und vor bloßem Wunder über das Gesehene wusste ich nicht, was aus mir geworden war. Die Haare standen mir auf dem Kopf zu Berge, ohne alle Besinnung phantasierte ich. Ich rieb mir lange Zeit die Augen und fragte, ob ich wirklich wache.

Wie ich endlich wieder zum Bewusstsein meiner selbst und dessen, was vorgegangen, gelangt war, so ergriff ich Photis' Hand und drückte sie gegen meine Augen und sprach: „Teures, liebes Mädchen! schlage mir jetzt, da die Gelegenheit sich dazu darbietet, den seltensten Beweis deiner Zuneigung nicht ab! Bei deinen schönen Augen bitte ich dich: Gib mir von der Salbe da und verbinde dir durch diese unaussprechliche Wohltat deinen Sklaven auf ewig! Mache, dass ich befiedert hier neben dir stehe, wie der Venus zur Seite Cupido!"

„So?", versetzte sie hastig. „Ei, über dich schlauen Gast! Ich sollte mir so selbst eine Grube graben? Sollte meinen Lucius den thessalischen Mädchen mutwillig in die Hände spielen? Nein, nein, guter Freund, daraus wird nichts, lass dir das vergehen! Wo in aller Welt sollte ich dich suchen, wenn ich dich zum Vogel gemacht hätte, und wann würde ich dich wohl einmal wiedersehen?"

„Behüten mich die Götter vor der schweren Sünde", war meine Antwort, „dass selbst als Adler, dessen stolzem Fluge der ganze Himmel offensteht, der Botschafter des erhabenen Zeus und rüstiger Waffenträger ist, dass, sag ich, trotz aller Würde des Königs der Vögel ich dennoch nicht beständig hier herab in mein geliebteres Nest steigen sollte! Ich schwöre dir bei diesen deinen verschlungenen Locken, die mir das Herz gefangen haben, dass unter der Sonne mir kein Mädchen lieber ist denn du, meine Photis! Bedenkst du denn auch nicht, dass, wenn ich einmal durch diese Salbe zu solchem Vogel geworden bin, ich vorsichtig alle Häuser zu meiden habe? Denn geschweige, dass ein Uhu eben kein so reizender Liebhaber für die Schönen ist, so darf sich der arme Kauz auch nur in einem Hause blicken lassen, gleich hat man ihn beim Schlafittchen und nagelt ihn an die Tür, wo er unter jämmerlichen Qualen für alle bösen Vorbedeutungen, die je sein unseliger Flug den Leuten gegeben hat, büßen muss. Aber hätte ich doch bald mich zu erkundigen vergessen, was ich denn nachher zu sagen oder zu tun habe, um die Federn abzulegen und wiederum Lucius zu werden?"

„Was dies betrifft, sei ganz unbesorgt", versetzte Photis, „meine Herrin hat mir schon alles gezeigt, was wiederum zum Menschen umwandelt, und nicht etwa aus Wohlgewogenheit hat sie es getan, sondern lediglich, damit ich ihr, wenn sie nach Hause kommt, zu ihrer Wiedermenschwerdung hilfreiche Hand leiste. Übrigens solltest du nicht glauben, mit wie wenigen unbedeutenden Kräutern solch ein Wunderwerk öfters zu bewerkstelligen ist! Heute zum Beispiel bereite ich ihr nur ein Bad und einen Trunk Brunnenwasser mit etwas Dill und ein paar Lorbeerblättern vermischt."

Unter hohen Beteuerungen, dass dies die genaue Wahrheit sei, schleicht sie zitternd und zagend in den Erker, nimmt in der Geschwindigkeit eine Büchse aus der Lade und bringt sie mir. Ich empfange diese mit Entzücken, küsse sie inbrünstig und bete, sie wolle mir eine glückliche Reise durch die Lüfte verleihen.

Und so mit allen Kleidern herunter, gierig die Hände in die Salbe, eine ganze Menge genommen, und über und über alle Glieder meines Leibes gerieben.

Schon schwinge ich zu wiederholten Malen die Arme und versuche zu fliegen. Hoch klopft mir vor Verlangen das Herz, mich nun als Vogel zu sehen.

Umsonst!

Nicht Busen, nicht Federn wachsen hervor. Zu kurzen Borsten erstarren alle Haare an meinem Leibe, statt der zarten Haut umhüllt mich ein dickes derbes Fell. Die Zahl der Finger und Zehen verliert sich an jeder Hand und jedem Fuß in einem Huf, und am Ende des Rückgrats hinten streckt sich ein langer Zagel hinunter.

Unförmlich wird das Gesicht und dehnt sich jäh mehr und mehr. Mit großem Maul, weit offenen Nasenlöchern und schlotternden Lippen schließt es unten. Oben recken sich ein paar lange, raue, spielende Ohren empor.

Das einzige, was in dieser unglücklichen Verwandlung noch meinen Trost hätte abgeben können, wenn für mich Armen nun noch eine Photis gewesen, war der Zuwachs des Werkzeugs des sechsten Sinnes.

Wie ich mich nun betrachte, sehe ich mit Entsetzen, dass ich statt des Vogels zu einem Esel geworden bin.

Ich wollte mich bei Photis beklagen, allein mit menschlicher Stellung und Gebärde hatte ich zugleich auch die Sprache verloren. Alles, was ich tun konnte, war, dass ich mit bebender Unterlippe und nassem Blick sie von der Seite ansah und also stillschweigend ihr Vorwürfe machte.

Sobald sie mich aber als Esel sah, fuhr sie sich mit beiden Händen ins Gesicht und schrie: „Ich bin des Todes! In Eile und Angst habe ich mich vergriffen und eine unrechte Büchse genommen. Zum Glück ist ein höchst leichtes Mittel zur Wiederverwandlung vorhanden. Denn sobald du Rosen isst, legst du den Esel wieder ab und bist wiederum mein Lucius. Und wenn ich nur wie gewöhnlich diesen Abend Kränze für uns in Bereitschaft hätte, so dürfte es nicht die Nacht damit Anstand haben; so aber musst du bis morgen früh warten, eher kann ich dir dein Rettungsmittel nicht verschaffen." Also Photis mit großem Herzeleid.

Indessen, so vollkommen ich auch dem Äußeren nach von Lucius zu Meister Langohr geworden, so war ich doch innerlich Mensch und ganz ich selbst geblieben.

Lange ging ich darüber zu Rate, ob ich nicht an der boshaften Hexe mein Mütchen kühlen und sie für den schnöden Schabernack zu Tode beißen und schlagen sollte? Den raschen Gedanken ließ ich aber bald wieder fahren, als ich überlegte, dass ich leicht durch diesen Mord mich um alle Mittel, mich zu enteseln, bringen könnte.

Lieber fraß ich die mir angetane Schmach in mich, fasste auf die kurze Zeit Geduld und trollte ganz tiefsinnig mit gesenktem Haupte und hängenden Ohren in den Stall hinunter, wo mein getreues Reitpferd stand, nebst noch einem Esel meines gewesenen Wirts Milo.

Ich dachte: „Wenn die stummen Tiere irgendetwas Sympathetisches in ihrer Natur haben, so wird dein Ross gewiss dich erkennen und gastfreundlich bei sich aufnehmen und bewirten."

Aber Jupiter, Gott der Gastfreundschaft, und du, heilige Treue, steckt nicht der elende Gaul mit dem Esel den Kopf zusammen und verschwört sich mit demselben zum Untergange seines Herrn?

Wie sie mich nur der Krippe näherkommen sehen, denken sie, es ist auf ihr Futter gemünzt und gebärden sich ganz unbändig. Sie legen beide die Ohren zurück, und somit, hast du nicht gesehen, aus Leibeskräften hintenaus nach mir gesengelt und weit mich von der Gerste weggetrieben, die ich den Abend noch mit eigenen Händen meinem treuen Tiere vorgeschüttet hatte!

Nach diesem garstigen Willkommen dränge ich mich ganz abseits in einen engen einsamen Winkel. Indem ich da voller Missmut die Unhöflichkeit meiner beiden Herren Kollegen überdenke und mir heilig vornehme, es den boshaften Bestien anderen Tags, wenn ich durch Hilfe der Rosen wieder Lucius geworden, schon wieder einzutränken, so werde ich beim Umsehen, ungefähr in der Mitte des Stalles, in dem Hauptpfeiler, auf dem alles Gebälke ruhte, der Vorsteherin der Ställe, der Göttin Epona, Bild gewahr, das eben mit frischen Rosen bekränzt worden.

Kaum habe ich dieses mein Entzauberungsmittel entdeckt, so wende ich auch voller Hoffnung alles an, es zu erhalten. Ich klettere, so hoch ich kann, mit den beiden Vorderfüßen an dem Pfeiler empor, und mit langgestrecktem Halse und vorgereckter Schnauze strebe ich unter beständigem Getrampel und manchem kräftigen Satz auf das begierigste nach den Kränzen.

Unglücklicherweise aber muss mein Reitknecht dieses fruchtlose Bemühen bemerken; grimmig springt er von seiner Streue auf und ruft: „I, was richtet denn der verdammte Klopphengst da all für Unfug an! Frisst erst dem Vieh das Futter weg und will nun auch nicht einmal die Bilder der Götter verschonen? Warte, du gottlose Bestie, dein Frevel soll dir übel bekommen, ich will ja dich gleich kreuz- und lendenlahm schlagen!“

Damit so sieht er sich allenthalben nach einem Prügel um und findet leider nur allzu bald ein ganzes Bündel Knüttel. Daraus sucht er sich den dicksten, knotigsten aus, und nun lässt er auch solch ein Wetter von Schlägen auf mich Unglücklichen niederfallen, dass ich zuverlässig noch darunter hätte erliegen müssen, wenn nicht plötzlich mit entsetzlichem Getöse und Gepolter gegen die Haustür wäre geschlagen und gerannt worden und die ganze Nachbarschaft in Angst und Schrecken „Diebe! Diebe!“ gerufen hätte. Dies hemmte den geschäftigen Arm meines Schinders und jagte ihm so viel Furcht ein, dass er ohne sich weiter zu besinnen Hals über Kopf davonlief.

Es währte nicht lange, so war die Tür mit Gewalt aufgesprengt. Eine ganze Diebesbande drang herein. Diese plünderten alles aus; jene umringten die Hausgenossen mit bewaffneter Hand, und noch andere besetzten die Zugänge und hielten Wache, dass die von allen Seiten zu Hilfe eilenden Leute ihnen nichts anhaben möchten. Allesamt mit blanken Degen und brennenden Fackeln versehen, erleuchteten sie die Nacht. Es schimmerte das Feuer und der Stahl wie die aufgehende Sonne.

Mitten im Hofe stand ein Magazin wohlverrammelt und verschlossen und von unten bis oben mit Milos Reichtümern vollgestopft. In einem Augenblick war das mit Äxten an mehreren Orten geöffnet und ausgeleert. Der ganze Raub wurde in aller Eile in Bündel geschnürt und verteilt. Allein da waren mehr Hucken als Träger.

Äußerst in Verlegenheit über die Fülle des Reichtums, womit sie nicht wussten, wohin, machten sie endlich unsern Stall ausfindig. Mein Pferd und wir beiden Esel wurden sogleich herausgezogen und bepackt, was nur das Zeug halten wollte.

Als nun das ganze Haus ausgeräumt, trieben sie uns mit Stöcken heraus, ließen einen von sich zum Kundschafter in der Stadt zurück, um sie wegen der wahrscheinlichen Nachforschung zu benachrichtigen, und darauf jagten sie uns unter verdoppelten Schlägen durch unwegsame Gebirge immer vor sich her.

Schon war ich von übermäßiger Bürde, die ich trug, von dem steilen Aufsteigen der Berge und von dem starken übereilten Marsche dermaßen abgemattet, dass ich hätte umfallen mögen. Da fasste ich, zwar spät, aber um desto ernstlicher, den Entschluss, mich der Gerechtigkeit in die Arme zu werfen und den heiligen Namen des Kaisers anzurufen, um mich aus diesem Trübsal zu erretten.

Horaz: Vertreibung der Hexen

Auch in diesem Gedicht schreibt Horaz (s. S. 33) über die Hexen Canidia und Sagana, die wir bereits kennengelernt haben. Diesmal schildert er eine Szene aus der Sicht einer hölzernen Vogelscheuche, die in einem Garten, der früher einmal ein Armenfriedhof war, „Vögel und Diebe" abschrecken soll. Die Vogelscheuche, in der üblichen Form eines Priapus mit großem erigierten Phallus, beobachtet, wie die Magierinnen hier ihr Unwesen treiben. Die Frauen suchen im Garten nach Kräutern, um ihre aphrodisischen Tränke zu brauen, mit denen sie dann junge Männer verführen.

Dass dies auf einem ehemaligen Friedhof geschieht, weist auf den Volksglauben hin, dass Hexen die Geister Verstorbener dazu missbrauchen, ihren Tränken oder sonstigen Mitteln Zauberkraft zu verleihen oder dass die auf Gräbern wachsenden Kräuter magische Kräfte besitzen. Glücklicherweise gelingt es der verängstigten Vogelscheuche, die zwei Frauen ihrerseits zu ängstigen und zu vertreiben – indem sie vor Schreck furzt.

Man merkt: So ganz ernst zu nehmen ist das Ganze hier nicht, und tatsächlich stammt dieses Gedicht aus Horaz' Sammlung von *Satiren* (sat. 1.8). Wenn man diese humorvolle Schilderung jedoch vor dem Hintergrund des weiter vorne vorgestellten grausigen Hexen-Gedichts liest, ist das Ganze freilich nicht mehr ganz so lustig. Interessant ist die These, dass Horaz mit Canidia („die Grauhaarige"), Sagana und den anderen Hexen und ihren Namen reale Personen auf die Schippe nimmt; immerhin würde dies zu seinen anderen Satiren passen. Wen genau er gemeint haben könnte, wissen wir leider nicht. Den Eintrag in Georges' *Ausführlichem lateinisch-deutschem Handwörterbuch*, Canidias wahrer Name sei Gratidia und sie sei „eine Geliebte des Horaz" gewesen, „mit der er sich nach vertrautem Umgange entzweit hatte, weshalb er an ihr durch die Schmähgedichte ... schwere Rache nahm", müssen wir wohl als Konjektur ansehen. Im 19. Jahrhundert war man doch um einiges unbefangener mit solchen Zuschreibungen.

Übersetzt wurde diese Satire von Christoph Martin Wieland (1733–1813), einem der Weggefährten Goethes und Schillers in Weimar. Er prägte den deutschen Bildungsroman und war obendrein ein wichtiger Satiriker und Literaturkritiker. Neben Horaz übersetzte er u. a. Cicero, Lukian und auch Shakespeare ins Deutsche.

Ein Feigenklotz, ein wenig nützes Holz,
war ich, als einst der Zimmermann, unschlüssig
was aus mir werden sollte, ein Schemel, oder ein
Priapus, zum Gott mich lieber machen wollte:
So bin ich dann ein Gott, der große Popanz
der Vögel und der Diebe! Diese hält die Sichel
in meiner Hand, und – was ihr wisst – in Furcht;
die frechen Vögel schreckt das Rohr auf meinem Kopf,
sich auf die neugepflanzten Gärten nieder-
zulassen. Hier, wohin noch jüngst die Leichen
der Sklaven, aus der engen Zelle ausgeworfen,
ein Nebenknecht bei Nacht in einer offenen
armseligen Lade tragen ließ, im allgemeinen
Begräbnisplatz des nacktesten Bettelpacks,
des Scurra Pantolabus, des Schlemmers Nomentanus,
wo sonst ein Denkstein uns zu wissen tat,
dass tausend Fuß der Länge und dreihundert
der Breite nach kein Erbe diesen Boden
in Anspruch nehmen könne – auf dem Esquilin,
mit einem Worte, wohnt man jetzt gesund,
und auf der Höhe, wo das Auge sonst
nichts als den traurigen Anblick eines öden Feldes
voll weißer Knochen hatte, geht man jetzt
in grünen Lustrevieren. Aber seit
ich diese Gärten hüte, hat das Diebsgesindel
und Raubvögel, die hier ihre Nahrung
zu suchen pflegen, mir minder Not gemacht
als jene Vetteln, die durch Zauberlieder
und Liebestränke jungem Männervolk
den Kopf verrücken. Diese, was ich auch
beginne, kann ich nicht vertreiben, noch
verhindern, sich, sobald die wandelbare Luna
ihr schönes Antlitz zeigt, hierherzuschleichen
und Totenbeine und Hexenkraut zu suchen.

Ich selbst, mit diesen Augen, sah Canidia
im schwarzen aufgeschürzten Rock, mit nacktem Fuß
und aufgelöstem Haar, nebst Sagana,
der älteren, heulend irren, beide scheußlich

im bleichen Schein des Mondes anzusehen!
Auf einmal fingen euch die Druden an,
die Erde mit den Nägeln aufzukratzen und
ein schwarzes Lamm mit ihren Zähnen zu zerreißen,
damit das Blut, sich in die Grube sammelnd,
die Seelen der Verstorbenen an sich zöge,
die ihren Fragen Antwort geben sollten.
Auch sah ich da zwei Puppen, eine wollene,
aus Wachs die andere; jene, größere,
stand drohend mit gezückter Geißel, diese lag
in Todesängsten, sklavengleich gekrümmt
und Gnade flehend. Murmelnd riefen drauf
der Hekate die eine, Tisiphone,
der schrecklichen, die andere. Und nun hättet ihr
die Schlangen sehen sollen und die Höllenhunde,
die heulend hin- und wiederliefen, und den Mond,
der, um kein Zeuge dieser grässlichen
Geheimnisse zu sein, sich blutrot hinter
den größten Grabstein schlich. Wenn ich nicht
die Wahrheit sage, sollen alle Raben
der ganzen Welt den Kopf mir übertünchen!
Sollen die zerbrechliche Pedatia und der Dieb
Voranus an mich ohne Scheu begießen und bemalen!
Ich könnte viel Besonderes noch erzählen,
wie mit den Geistern Sagana gesprochen
und wie mit zarten weinerlichen Stimmchen,
kaum hörbar, ihr die Geister Antwort gaben
und wie sie darauf gefleckter Schlangen Zähne
mit einem Wolfsbart heimlich in der Erde
gescharrt und in der angefachten Flamme
das arme Bild von Wachs dahingeschmolzen.

Nur freut mich, dass sie mich nicht ungestraft
zum Zeugen dieser Höllen-Szene machten.
Sie mussten mir gar fein die Angst bezahlen,
die das Geheul der Furien und ihre Gräuel
mir eingejagt! Denn mir entfuhr auf einmal
ein Seufzer, dass mein feigenhölzernes
Gesäß gleich einer luftgefüllten Blase

mit lautem Knall zerbarst. Was die erschraken!
Wie sie der Stadt zu rannten! Wie Canidia
die Zähne, Sagana den hohen Haarkopf,
die Kräuter und die Zauberbinden um die Arme
im Laufen fallen ließ! Ihr hättet
euch über das Spektakel krankgelacht!

Petron: Der Werwolf

Auch die folgende Szene aus dem Roman *Satyricon* von Petron (s. S. 24) stammt aus dem Kapitel mit dem Gelage bei Trimalchio: Die Schauergeschichte über einen Menschen, der sich in einen Wolf verwandelt, ist Teil der Unterhaltung bei Tisch. Der Fachbegriff für diesen Vorgang ist Lykanthropie (von *lykos* = Wolf), und die älteste Erwähnung dieses Vorgangs findet sich im *Gilgamesch-Epos* (vor dem 18. Jahrhundert v. Chr.). In der griechischen Mythologie ist der erste Mensch, der in einen Wolf verwandelt wird, ein arkadischer König mit dem schönen sprechenden Namen Lykaon. Seine irreversible Verwandlung ist eine Strafe des Zeus dafür, dass der grausame Lykaon ihm einen Menschen geopfert hat – die Verwandlung in ein so gefährliches Tier wie einen Wolf liegt da durchaus nahe.

Der Wolf war das Tier, das Hekate begleitete, die bedrohliche Göttin der Magie und der Beschwörung der Toten, eine der düstersten Gestalten der Mythologie. Nicht nur in der Fabel, auch im realen Leben war der Wolf als heimtückisch verschrien, auch wenn der Mensch weniger durch direkte Angriffe von Wölfen bedroht war als dadurch, dass Wölfe diejenigen Tiere rissen, von denen er sich ernährte. Später verselbständigte sich die Lykanthropie und löste sich vom Mythos, der Werwolf wurde Basis von Schauergeschichten und Aberglaube. Und als Werwolf vergriff er sich dann auch an Menschen.

Die Geschichte hier (sat. 61 f.) enthält ein Element, das sich bis dahin in dieser Form in der erzählenden Literatur selten findet: die regelmäßige Verwandlung eines Menschen in einen Wolf, die nur eine Nacht dauert, mit Rückverwandlung – ziemlich genau das, was wir uns heute unter einem Werwolf vorstellen. Dabei war eben dies im Volksglauben des 1. Jahrhunderts n. Chr. weit verbreitet, wie wir durch Plinius d. Ä. erfahren, der meint klarstellen zu müssen: „Ich bin der festen Überzeugung, dass es nicht wahr ist, dass Männer in Wölfe verwandelt werden und danach ihre ursprüngliche Form zurückerhalten" (nat. 8.80). Die medizinische Literatur des Altertums berichtet außerdem von Menschen, die nach dem Biss durch einen tollwütigen Hund glaubten, sie seien Wölfe, auf Friedhöfen umherstreiften und den Mond anheulten – auch hier stand wohl eher der Volksglaube Pate.

Die im Folgenden verwendete Übersetzung war die erste deutsche Petron-Übersetzung überhaupt. Sie gehört zum Frühwerk des Gelehrten und Schriftstellers Wilhelm Heinse (1746–1803), eines Bekannten Wielands und Angehörigen des Halberstädter Dichterkreises. Ansonsten trat Heinse durch zahlreiche Aphorismen und mehrere Briefromane in Erscheinung.

Da ich noch diente, wohnten wir in einem engen Gässchen in dem Haus, welches jetzt Gavilla hat. Daselbst verliebte ich mich nach dem Willen der Götter in die Frau des Terenz, des Wirtes. Oh, ihr habt sie wohl gekannt, die tarentinische Melisse! Sie war das allerschönste Weibchen. Aber ich habe sie beim Herkules nicht körperlicherweise oder wegen Fleischeslust, sondern nur ganz allein deswegen so lieb gehabt, weil sie so artige Sitten an sich hatte. Wenn ich sie um etwas gebeten habe, so hat sie mir es niemals abgeschlagen. Wenn ich einen Heller, einen Pfennig hatte, so legte ich ihn in ihren Schoß, und niemals hat sie mich darum gebracht.

Ihr Ehegatte erlebte den letzten Tag auf einem Landgut. Es war mir nichts wichtiger auf der Welt, als entweder zu Fuß oder zu Pferd zu ihr zu kommen, da ich es erfuhr. In der Not kann man die wahren Freunde kennenlernen. Von ungefähr war mein Herr nach Capua gereist, um etwas zu verkaufen. Ich ließ diese Gelegenheit nicht entwischen und überredete unseren Wirt, dass er mich ein paar Meilen begleitete. Dieser war ein starker Soldat und machte sich aus dem ganzen Orkus nichts. Wir machten uns gegen Mitternacht, wann die Hühner schreien, auf den Weg; der Mond schien so helle, als wenn es Mittag wäre. Wir gingen endlich nun über die Gräber. Da fing auch mein Kerl an, die Sterne zu beschwören; ich aber zählte die Sterne und sang vor lauter Angst darauf.

Wie ich mich nach meinem Begleiter umsah, so zieht er sich faselnackend aus und legt alle seine Kleider an den Weg. Es schwindelte mir vor den Augen und meine Seele wollte aus der Nase fahren. Er aber pisste einen Kreis um seine Kleider und plötzlich stand er als ein Wolf da. Glaubt ja nicht, dass ich scherze! Wenn mir einer den ganzen Tisch voll Geld herlegte, so würde ich keine Lüge sagen. Aber damit ich in meiner Rede fortfahre ...

Nachdem er Wolf geworden war, so fing er an zu heulen und lief in den Wald hinein. Am Anfange wusste ich nicht, wo mir der Kopf stand; hernach aber wollte ich seine Kleider aufheben, und siehe da, sie waren alle versteinert worden. Wer erschrak heftiger als ich? Aber doch zückte ich mein Schwert und hieb immer vor mir weg in die Schatten, bis ich endlich in das Haus meiner lieben Melisse kam.

Wie ich zu ihrer Tür hineingetreten war, so wollte ich den Geist aufgeben. Der Schweiß floss mir bis auf die Füße hinab: Die Augen waren gestorben – kaum kam ich wieder zu mir selbst.

Meine Melisse verwunderte sich, dass ich so spät in der Nacht zu ihr käme, und sagte: „Wenn du ein klein wenig eher gekommen wärest, so hättest du uns helfen können; denn ein Wolf ist in unser Dorf gelaufen und hat wie ein Metzger beinahe all unser Vieh umgebracht. Aber er hat es nicht umsonst getan, denn unser Knecht hat ihm einen Spieß in den Hals geworfen, ob er gleich noch davongekommen ist."

Wie ich dieses hörte, so machte ich gewaltig große Augen und ging gleich, da es helle war, wieder zurück nach Hause, aber so zerstört wie ein Wanderer, der von Räubern überfallen worden. Nachdem ich an den Ort gekommen war, wo die Kleider in Stein verwandelt gelegen hatten, fand ich nichts als Blut. Wie ich aber nach Hause kam, so fand ich meinen Soldaten im Bett liegen und wie ein Schwein bluten und einen Wundarzt über seinem Halse. Nun merkte ich erst, dass er ein Hexenmeister sei und sich verwandeln könne. Nach dieser Zeit habe ich keinen Bissen Brot mehr mit ihm essen können, und wenn du mich umgebracht hättest. Diese mögen die Sache untersuchen, welche darinnen anderer Meinung sind. Alle Götter sollen mich strafen, wenn ich die Unwahrheit sage.

Äsop: Der falsche Werwolf

Die folgende kurze Fabel stammt von Äsop (ca. 620–ca. 570 v. Chr.), über dessen Leben so gut wie nichts bekannt ist, außer, dass er eventuell ein Sklave war und vom Schwarzen Meer oder aus Afrika nach Griechenland kam. Doch nicht einmal das ist sicher, zu viele Geschichten und Legenden rankten sich schon früh um den Schriftsteller. Seine *Fabeln* sind in die europäische Erzähltradition eingegangen und größtenteils durch die Bearbeitung des Römers Phaedrus und durch den Franzosen Jean de La Fontaine bekannt. In vielen Fabeln des Äsop spielt ein Wolf eine Rolle (z. B. *Der Wolf und das Lamm, Der Hirtenjunge und der Wolf*), hier geht es jedoch um einen Werwolf bzw. um den Werwolf-Glauben, mit dem die Erzählung auf ironische Weise spielt.

Interessanterweise findet sich in mehreren frühen Zeugnissen (wie auch in der vorigen Erzählung bei Petron, die immerhin 700 Jahre nach Äsop entstand) die Überzeugung, dass der Werwolf zunächst seine Kleider ablegen muss, bevor er sich verwandelt. Oft sind auch zur Rückverwandlung in menschliche Gestalt wieder die Kleider nötig. Manchmal weist dieser Umstand darauf hin, dass jemand freiwillig zum Wolf wird, aus welchen Gründen auch immer. Bei Petron scheint dies auch tatsächlich so zu sein; in der Äsop-Fabel ist es so, wie wir es vom „modernen" Werwolf kennen: Die (theoretische) Metamorphose zum Wolf geschieht unfreiwillig.

Diese deutsche Fassung der Fabel stammt vom Dichter und Literaturwissenschaftler Wilhelm Hertz (1835–1902), der 1862 mit einer Arbeit über Werwolf-Erzählungen habilitierte, aus der auch der folgende Text stammt. Als Student verfasste er selbst mehrere Balladen. Hertz war mit Paul Heyse befreundet, und zu seinen Schülern als Universitäts-Professor gehörte zeitweilig Thomas Mann.

Ein Dieb hielt sich einige Tage in einer Kneipe auf, ohne etwas stehlen zu können. Da sah er eines Tags den Wirt in einem schönen neuen Gewand vor der Tür sitzen, trat zu ihm und begann eine Unterhaltung.

Im Verlauf derselben hub er an zu gähnen und darauf zu heulen wie ein Wolf. Der Wirt fragte, was das bedeute, und jener erwiderte: „Ich werde dir's sogleich sagen, doch bitte ich dich zuvor, dass du meine Kleider bewachst, denn ich werde sie hier zurücklassen. Ich weiß nicht, woher mir dieses Gähnen kommt; ob ich es um meiner Sünden willen habe oder durch irgendeine andere Schuld, ist mir unbekannt. Wenn ich dreimal gegähnt haben werde, so verwandle ich mich in einen Wolf, der Menschen verschlingt."

Nach diesen Worten gähnte er zum zweiten Mal und heulte darauf wie zuvor. Der Wirt stand auf, um sich davonzumachen; der Dieb aber hielt ihn an seinem Chiton fest und rief: „Bleib, ich bitte dich, und hüte meine Kleider, dass ich sie nicht zerreiße!"

Zugleich gähnte er zum dritten Mal; der Wirt aber in seiner Todesangst ließ das Gewand in des Diebes Händen und floh in den innersten Schlupfwinkel seiner Schenke. Darauf ging der Dieb mit dem Chiton von dannen.

Böse Geister und Gespenster

In Marathon hört man Nacht für Nacht Pferde wiehern und Männer kämpfen. Niemandem, der eigens wach geblieben ist, um sich die Geister anzusehen, die dort ihr Unwesen treiben, gereichte dies jemals zum Guten.

Pausanias, *Beschreibung Griechenlands* 1.32.4

Plinius der Jüngere: Das Spukhaus von Athen

Der Brief war in Rom eine ganz eigene literarische Gattung, zu deren produktivsten Vertretern Cicero und Seneca gehörten – und auch Gaius Plinius Caecilius Secundus (ca. 61–ca. 116 n. Chr.) aus dem heutigen Como. Wie es üblich war, schickte seine (wohlhabende) Familie ihn nach Rom in die Schule und zur Rhetorikausbildung, und dort adoptierte ihn sein Onkel Plinius; so erhielt er zusätzlich zum Familiennamen des Vaters (Caecilius) den Namen Plinius. Von Beruf war Plinius Anwalt und Politiker, er brachte es bis zum Konsul und war gut mit Kaiser Trajan bekannt, auf den er eine Lobrede, den sogenannten *Panegyricus*, schrieb. Ansonsten besitzen wir von ihm zahlreiche Briefe, fast 370 Stück in zehn Büchern, die uns interessante Details über das Alltagsleben der römischen Oberschicht verraten.

Die Bücher 1–9 enthalten Briefe von Plinius an verschiedene Adressaten, u. a. den hier abgedruckten Text (ep. 7.27), der an einen Mann namens Sera gerichtet ist. Es ist einer der bekanntesten Briefe des Plinius und enthält eine berühmte Spukgeschichte – einen ganz frühen Vertreter eines Topos, der heute noch jedes Jahr Filmemacher reizt: das *haunted house* – ein Haus, in dem es spukt oder das von bösen Geistern besessen ist und das einen neuen Besitzer bekommt, der sich mit diesen Geistern auseinandersetzen muss. Interessanterweise wurde das *haunted-house*-Motiv im Mittelalter auf Burgen und Schlösser übertragen und hielt so, als Spukschloss, Einzug in die klassische moderne Horrorliteratur. Erst im 20. Jahrhundert löste sich das Motiv vom hochherrschaftlichen Anwesen und wurde wieder, wie bereits in der Antike, auf einfache Wohnhäuser angewendet, durch Schriftsteller wie H. P. Lovecraft und Stephen King oder Filme wie *Amityville Horror*, *The Grudge* oder *Paranormal Activity*.

Übersetzt wurde der Brief von Christian Friedrich Albert Schott (1782–1861), einem Jurist und liberalen Politiker aus Württemberg. Schott wurde vor allem dadurch bekannt, dass er in Stuttgart einen „Deutschen Hilfsverein für Griechenland" gründete, der den griechischen Freiheitskampf unterstützte. Seine Plinius-Übertragung erschien 1827 in Stuttgart.

An Sera.

Die Muße gibt mir Gelegenheit, zu lernen, und dir, mich zu belehren. Ich wünschte nämlich sehr zu wissen, ob du an Gespenster, eine eigentümliche Gestalt und Einfluss derselben glaubst, oder ob du sie für leere und eitle Gebilde unserer Furcht hältst? Was mich besonders bestimmt, an sie zu glauben, ist die Geschichte, welche dem Curtius Rufus begegnet sein soll.

Dieser hatte noch als mittellos und unbekannt sich in dem Gefolge des Statthalters in Afrika befunden und ging, als der Tag sich neigte, in einer Säulenhalle spazieren, als eine weibliche Gestalt von übermenschlicher Große und Schönheit ihm entgegentrat und ihm, der darüber betroffen war, sagte, sie sei Afrika und weissage ihm die Zukunft; er werde nach Rom gehen, Ehrenstellen bekleiden, dann als Oberbefehlshaber in diese Provinz zurückkehren und hier sterben. Alles ist eingetroffen. Auch soll ihm, als er in Karthago landete und aus dem Schiff stieg, dieselbe Figur am Ufer erschienen sein.

Gewiss ist, dass er, als er krank wurde, vom Vergangenen auf das Künftige, vom Glück auf das Unglück schließend, alle Hoffnung zur Genesung aufgab, während keiner der Seinigen an derselben zweifelte.

Und ist folgendes Ereignis nicht noch schauerlicher und nicht ebenso wunderbar? Ich erzähle es, wie ich es gehört. Zu Athen war ein großes und geräumiges, aber verrufenes und Unheil bringendes Haus. In der Stille der Nacht hörte man Eisen klirren, und wenn man genauer horchte, Ketten rasseln, zuerst in der Ferne, dann in der Nähe. Bald erschien eine abgehärmte und hässlich abgezehrte Greisengestalt, mit langem Bart, struppigen Haaren, welche an Händen und Füßen Fesseln und Ketten trug und schüttelte. Die Bewohner durchwachten daher traurige und schreckliche Nächte: Auf das Wachen folgte Krankheit und bei zunehmender Angst der Tod. Denn auch bei Tag, wenn das Gespenst verschwunden war, schwebte die Gestalt in der Einbildungskraft vor den Augen, und die Furcht dauerte länger als die Ursache derselben. Das Haus blieb endlich leer und verödet und ganz jenem Ungetüm überlassen. Doch wurde es ausgerufen, ob es jemand kaufen oder mieten wollte, der von diesem großen Übelstand nichts wusste.

Der Philosoph Athenodoros kommt nach Athen, liest den Anschlag. Und da er von dem Preis hört, der ihm durch seine Wohlfeilheit verdächtig wird, erkundigt er sich, erfährt alles und mietet sich nichtsdestoweniger, ja umso lieber ein. Als es anfängt Abend zu werden, lässt er sich in dem vordersten Zimmer des Hauses sein Lager bereiten, fordert Schreibtafel, Griffel, Licht, entlässt alle seine Leute in die inneren Gemächer; er selbst richtet Geist, Augen und Hand aufs Schreiben, damit nicht die Seele unbeschäftigt sich die bekannte Gestalt und ein leeres Schattenbild schaffe.

Anfangs herrscht, wie überall, Stille der Nacht. Bald aber klingt es wie Eisen, Ketten rasseln. Jener schlägt die Augen nicht auf, legt den Griffel nicht nieder, sondern ermutigt seinen Geist und verwahrt sich gegen die Eindrücke des Gehörs. Jetzt wird das Getöse stärker, es nähert sich, jetzt scheint es auf der Schwelle, jetzt im Zimmer zu sein. Er blickt auf, sieht und erkennt die beschriebene Gestalt. Sie steht und winkt mit dem Finger, als wollte sie rufen; auch er gibt ein Zeichen mit der Hand, ein wenig zu warten, und fährt fort zu schreiben. Da schüttelt sie die Ketten über seinem Haupt, während er schreibt. Er blickt auf, und sie winkt wieder, wie vorher: Jetzt zögert er nicht länger, nimmt die Lampe und folgt. Jene schreitet langsam, wie von den Fesseln belastet. Nachdem sie in den Vorhof des Hauses abgelenkt, verschwindet sie plötzlich und lässt den Begleiter zurück. Dieser, allein gelassen, bricht Gras und Blätter ab und bezeichnet damit die Stelle.

Den folgenden Tag geht er zu den Behörden und verlangt, sie sollen den Ort aufgraben lassen. Man findet Gebeine, welche in Ketten geschlagen und umschlungen und von dem durch die Zeit und in der Erde verwesten Körper nackt und kahl in den Fesseln geblieben waren; sie werden gesammelt und öffentlich begraben. Von der Zeit an war das Haus von diesen gebührend zur Erde bestatteten Manen befreit.

Das Bisherige glaube ich auf die Versicherung anderer. Folgendes kann ich selbst anderen verbürgen.

Ich habe einen Freigelassenen namens Marcus, der nicht ohne wissenschaftliche Bildung ist. Bei diesem schlief sein jüngerer Bruder in demselben Bett. Diesem träumte, er sehe jemand auf dem Bett sitzen, die Schere an seinen Kopf halten und ihm sogar die Haare vom Scheitel abscheren. Als es Tag wurde, fand man ihn wirklich geschoren und die Haare herumliegen. Bald darauf bestätigte ein ähnlicher Vorfall den früheren. Einer meiner jungen Sklaven schlief mit mehreren anderen im Pädagogium. Da kamen (so erzählt er) zwei in weißen Gewändern durch das Fenster, schoren ihn im Bett und gingen dann auf demselben Wege zurück. Bei Tagesanbruch fand man auch diesen geschoren und die umher zerstreuten Haare. Es erfolgte nichts Merkwürdiges als vielleicht, dass ich nicht angeklagt wurde. Was geschehen wäre, wenn Domitian, unter dem sich dieses ereignete, länger gelebt hätte; denn in seinem Schreibtische fand man eine von Carus gegen mich eingereichte Klage. Weil nun die Besagten ihr Haar wachsen zu lassen pflegen, so kann man schließen, dass die abgeschnittenen Haare meiner Leute die Abwendung der mir drohenden Gefahr bedeutet haben.

Ich bitte dich nun, deiner Gelehrsamkeit auszubieten. Die Sache verdient eine lange und reifliche Überlegung, auch bin ich der Mitteilung deiner Einsichten nicht unwürdig. Wenn du auch nach deiner Gewohnheit für und gegen die Sache streitest, so tue es doch mehr für die eine Ansicht und lass mich nicht in Zweifel und Ungewissheit, denn ich habe dein Gutachten in der Absicht verlangt, nicht länger zweifelhaft zu sein.

Lebe wohl.

Lukian: Gibt es Geister?

Das Genre, in dem der griechische Schriftsteller Lukianos von Samosata (ca. 120–ca. 200 n. Chr.) sich auszeichnete, war der satirische Dialog. In Form der fiktiven Unterhaltung wies er auf gesellschaftliche Missstände hin und offenbart uns auch heute noch viel Interessantes über den Alltag der Griechen in der Römischen Kaiserzeit. So sind Lukians *Hetärengespräche* noch immer eine wichtige Quelle über die Funktionsweisen der antiken Prostitution.

Der hier vorgestellte Text stammt aus dem *Lügenfreund*, seinem bekanntesten Dialog. Dem Ausschnitt hier (philops. 23 ff.) sieht man die dialogische Form indes nicht an; das liegt daran, dass einer der zwei Dialogteilnehmer, Tychiades, dem anderen, Philokles, diese gesamte Episode erzählt – folglich handelt es sich um mehrere Erzählungen innerhalb einer Erzählung. Bei dem in der Binnenerzählung wiedergegebenen Gespräch darüber, ob es übernatürliche Kräfte gibt, übertrumpfen sich die Anwesenden (bis auf den skeptischen Tychiades) mit Schauergeschichten: Dem einen ist die eigene tote Ehefrau erschienen, der andere erzählt von einem Haus, in dem er einen Geist vertrieb, und der nächste berichtet von einem Wasser holenden Besen. Der Topos vom *haunted house* ähnelt dabei in vielen Details dem bei Plinius (s. S. 69), und die Besengeschichte finden wir natürlich später in Goethes *Zauberlehrling* wieder.

Interessant ist die mehrfache Erwähnung von Ägypten. Schon Herodot (s. S. 112) schreibt über Ägypten mit seiner tausende Jahre alten Geschichte, es gebe dort „mehr wundersame Dinge als in allen anderen Ländern" (hist. 2.35). Diese Sicht auf Ägypten, als Ort der Mystik, der Magie und Zauberei, setzte sich bis in die Neuzeit fort. Man denke nur an die ägyptische Symbolik bei den Freimaurern oder an den „Fluch der Mumie", der in den 1920er Jahren angeblich die Teilnehmer der Tutanchamun-Ausgrabung unter der Leitung von Howard Carter ereilte.

Die 1789 erschienene Übersetzung von Christoph Martin Wieland (s. S. 56) liest sich auch heute noch erstaunlich frisch. Er selbst sagte über „seinen" Lukian einmal: „Die Gelehrten, die Lukian mit Geschmack in seiner eigenen Schrift lesen, können allein von den Schwierigkeiten einer Arbeit urteilen, die oft da am schwersten ist, wo sie am leichtesten scheint; und sie sind es, von denen ich mir die meiste Billigkeit und Nachsicht verspreche."

Indem wir noch sprachen, kamen die Söhne des Eukrates vom Fechtboden zurück. Der eine von ihnen war schon über die ersten Jünglingsjahre hinaus, der andere mochte ungefähr fünfzehn Jahre haben. Nachdem sie uns ihre Reverenz gemacht hatten, nahmen sie auf dem Ruhebett ihres Vaters Platz, und mir wurde ein Lehnstuhl gebracht.

Auf einmal fing Eukrates, als ob ihm der Anblick seiner Söhne eine neue Wundergeschichte ins Gedächtnis bringe, wieder an: „So möge mich der Himmel Freude an diesen beiden erleben lassen, als das wahr ist, was ich dir erzählen will, Tychiades! Wie sehr ich meine selige Frau, ihre Mutter, geliebt habe, ist jedermann bekannt; ich habe es durch alles, was ich sowohl in ihrem Leben als nach ihrem Tod für sie getan, deutlich genug zutage gelegt, indem ich ihren ganzen Schmuck und das Kleid, das sie am liebsten trug, mit ihr verbrennen ließ.

Am siebenten Tage nach ihrem Hinscheiden lag ich auf diesem nämlichen Ruhebett und las, um Trost in meinem Leid zu suchen, Platons Buch *Von der Seele*. Alles war still und einsam um mich her. Auf einmal sehe ich meine Demaineta, die sich auf dem nämlichen Platze, wo hier Eukratides sitzt, zu mir setzt."

Er deutete bei diesem Worte auf seinen jüngeren Sohn, der, wie man es sich von einem Knaben seines Alters vorstellen kann, dabei zusammenfuhr, da er vorhin schon beim Anfang der Erzählung leichenblass geworden war.

„Sobald ich sie sah", fuhr Eukrates fort, „umarmte ich sie und weinte wie ein Kind. Sie verwehrte mir zu schreien, beklagte sich aber, dass ich, da ich ihr sonst alles zu Gefallen getan, den einen von ihren goldenen Schuhen nicht mit verbrannt hätte. Er sei, sagte sie, unter den Kleiderschrank gefallen – und dies war die Ursache, warum wir ihn nicht finden konnten und also nur den einen verbrannt hatten. Indem wir noch zusammen sprachen, fing mein vertracktes milesisches Schoßhündchen, das unter dem Bett lag, an zu bellen, und sogleich verschwand sie wieder. Der Schuh aber wurde hernach unter dem Kleiderschranke gefunden und am folgenden Tag verbrannt. Nun, Tychiades, ist dir es möglich, solchen offenbaren Tatsachen und die sozusagen alle Tage begegnen deinen Glauben länger zu verweigern?"

„Behüte Gott!", rief ich, „die verdienten wahrlich, dass man sie mit einem goldenen Schuh wie kleine Jungen züchtigte, die nun nicht glauben und der Wahrheit so unverschämt ins Gesicht lachen wollten!"

Wie wir so sprachen, trat Arignotos, der Pythagoreer, herein, der Mann mit dem schönen volllockigen Haar und der feierlichen Ehrfurcht gebietenden Miene, der seiner Weisheit wegen so berühmt ist und von vielen „der heilige Arignotos" genannt wird. Sobald ich ihn erblickte, wurde mir leichter um die Brust: Der hätte mir, dachte ich, nicht gelegener zum Beistand kommen können! Denn unfehlbar wird ein so weiser Mann diesen windigen Wunderkrämern den Mund stopfen!

Kurz, ich glaubte nicht anders, als dass er mir vom Glück wie ein Gott aus den Wolken zugeschickt worden sei, um mir aus der Not zu helfen, da ich bereits alle Hoffnung aufgegeben hatte.

Kleodemos stand sogleich auf, um ihm Platz zu machen, und sobald er sich gesetzt und auf seine Erkundigung nach der Krankheit vernommen hatte, dass Eukrates sich um viel leichter befinde, fing er an: „Haben die Herren nicht zusammen philosophiert? Ich hörte so was im Hereintreten, und die Konversation schien mir etwas sehr Unterhaltendes zum Gegenstand zu haben."

„Nichts Geringeres", sagte Eukrates, „als diesen felsenharten Mann hier" - auf mich weisend - „zu überzeugen, dass es Geister und Erscheinungen gebe und Gespenster und dass die Seelen der Toten auf der Erde herumwandern und sichtbar werden, wem sie wollen."

Ich errötete bei diesen Worten und schlug aus Ehrfurcht vor Arignotos die Augen nieder.

„Vielleicht", erwiderte er, „ist die Meinung des Tychiades, dass nur die Seelen derjenigen herumirren, die eines gewaltsamen Todes gestorben sind, z. B. derer, die sich selbst erhängt haben oder enthauptet, gekreuzigt oder auf eine andere ähnliche Art aus der Welt geschafft worden sind; diejenigen hingegen nicht, die des natürlichen Todes starben." Wenn er dies behauptete, so möchte er wohl so unrecht nicht haben.

„Nein, beim Jupiter", rief Deinomachos; er leugne alle diese Dinge durch die Bank und meine, dass gar nichts dergleichen möglich sei.

„Wie?", sagte Arignotos, indem er zugleich einen scharfen Blick auf mich warf, „du leugnest die Wirklichkeit von etwas, wovon sozusagen das ganze menschliche Geschlecht Augenzeuge ist?"

„Die Anklage meines Unglaubens ist zugleich meine Rechtfertigung", versetzte ich, „ich glaube nicht, weil ich der Einzige bin, der nichts sieht. Hätte ich etwas gesehen, so glaubte ich ohne Zweifel so gut wie ihr."

„Wenn du also jemals nach Korinth kommst", sagte Arignotos, „so erkundige dich nach dem Haus des Eubatides; und wenn es dir unweit des Kraneions gewiesen wird, so geh hinein und sage dem Türhüter Tibius, du möchtest den Ort gerne sehen, wo der Pythagoräer Arignotos habe aufgraben lassen und woraus er den Dämon vertrieben und von selbiger Zeit an das Haus wieder bewohnbar gemacht habe."

„Was war denn das, Arignotos?", fragte Eukrates.

„Es wollte", versetzte jener, „schon seit geraumer Zeit niemand mehr in diesem Haus wohnen, denn wer es versucht hatte, war von einem fürchterlichen und höchst unruhigen Gespenste hinausgetrieben worden. Es fing also bereits an zusammenzufallen, und das Dach war beinahe abgedeckt; denn es wollte kein Mensch mehr einen Fuß hineinsetzen. Sobald ich Nachricht davon bekam, nahm ich meine Bücher (ich besitze sehr viele ägyptische, die von solchen Dingen handeln) und begab mich eine Stunde vor Mitternacht in das Haus, wiewohl der Herr desselben mich sehr davon abmahnte und beinahe Gewalt brauchte, mich zurückzuhalten, wie er hörte, dass ich etwas unternehmen wollte, das seiner Meinung nach mein unvermeidliches Verderben sein würde. Ich beharrte aber auf meinem Vorhaben, begab mich mit einer Lampe ganz allein in das Haus, stellte mein Licht in dem größten Saal nieder, setzte mich auf den Boden und fing an, ganz still vor mich hin zu lesen. Der Dämon, in der Meinung, dass er einen Mann vor sich habe, der sich wie alle anderen schrecken lassen werde, erscheint in einem scheußlichen Aufzug, ganz behaart und schwärzer als die Finsternis. Er kommt mir immer näher und versucht es auf allerlei Weise, mir beizukommen und mich aus meinem Vorteil zu setzen: Bald wird er ein Hund, bald ein Stier, bald ein Löwe. Ich aber nehme eine der schrecklichsten Formeln vor die Hand, rede ihn damit in ägyptischer Sprache an und treibe ihn endlich durch die Gewalt meiner Beschwörungen in den dunkelsten Winkel des Hauses.

Ich merke mir die Stelle, wo er verschwand, und schlafe die übrige Nacht ganz ruhig. Des Morgens, da mich jedermann verloren gab und gewiss glaubte, dass mir der Dämon, wie meinen Vorgängern, den Hals umgedreht haben werde, komme ich, gegen aller Menschen Erwartung, hervor, gehe zum Eubatides und bringe ihm die gute Nachricht, dass er nun fürs Künftige sein Haus frei und ohne alle Furcht bewohnen könne. Ich führte ihn selbst, in Begleitung vieler anderer, die das Unglaubliche der Sache herbeizog, an den Ort, wo ich den Dämon hatte versinken sehen, und befahl den Boden aufzugraben. Wie man ungefähr einen Klafter tief gegraben hatte, fand man ein altes Totengerippe, dessen ganzer Knochenbau in seiner natürlichen Verbindung noch erhalten war. Dieses gruben wir aus und bestatteten es auf die gehörige Weise wieder; und von dieser Zeit an ist das Haus von Gespenstern frei geblieben."

Als Arignotos, ein Mann, der an Weisheit beinahe ein Gott schien und von aller Welt mit Ehrfurcht angesehen wurde, mit dieser Erzählung fertig war, fand sich keiner unter den Anwesenden, der mich nicht für einen ausgemachten Tor hielt, wenn ich noch fähig wäre, einer solchen von einem Mann wie Arignotos erzählten Tatsache meinen Glauben zu versagen.

Aber ohne mich weder von seinem pythagoreischen Haarschopf noch von seinem Ruf aus der Fassung bringen zu lassen: „Ist es möglich“, rief ich, „Arignotos, auch du, auf den die Wahrheit ihre ganze Hoffnung gesetzt hatte, auch du bist mit Dunst und Hirngespinsten angefüllt? So beweist auch du die Wahrheit des alten Sprichworts, dass nicht alles, was gleißt, Gold ist!“

„Aber du“, erwiderte mir Arignotos, „weil denn weder ich noch Deinomachos noch Kleodemos noch Eukrates selbst Glauben bei dir verdienen, nenne uns denn, wenn du kannst, den Mann, der glaubwürdiger ist als wir und das Gegenteil behauptet!“

„Den will ich euch nennen, beim Jupiter! Und gewiss einen großen und allgemein bewunderten Mann, mit einem Worte, den berühmten Demokritos von Abdera, der so fest überzeugt war, dass nichts dergleichen möglich sei, dass, als er sich, um ungestörter denken zu können, in ein altes Grabmal vor der Stadt einschloss, wo er Tag und Nacht mit Schreiben und Meditieren zubrachte und einige mutwillige Jünglinge, um ihm Furcht einzujagen, in schwarze Leichentücher eingewickelt und mit Masken, die wie Totenköpfe aussahen, vor ihm erschienen und mit gewaltigen Sprüngen um ihn herumtanzten, er sich so wenig durch diese Maskerade beunruhigen ließ, dass er nicht einmal aufsah, sondern im Fortschreiben endlich bloß sagte: ‚Nun macht einmal dem Spaß ein Ende!‘ So gewiss glaubte er, dass Seelen, die ihre Leiber einmal verlassen haben, nichts mehr sind.“

„Damit“, sagte Eukrates, „hast du nichts bewiesen, als dass auch Demokritos ein Tor war, wenn er das glaubte. Ich will euch aber etwas anderes erzählen, das ich nicht von Hörensagen habe, sondern das mir selbst begegnet ist. Vielleicht, Tychiades, wirst sogar du dich gezwungen sehen, der Wahrheit die Ehre zu geben, wenn du diese Geschichte hörest.

Als ich mich in Ägypten aufhielt, wohin ich noch sehr jung des Studierens wegen von meinem Vater geschickt worden war, kam mich die Lust an, den Nil hinauf nach Koptos zu gehen, um den Memnon zu hören, der bei Sonnenaufgang einen so wunderbaren Ton von sich gibt. Ich hörte ihn auch, aber nicht, wie der große Haufen, einen bloßen

Schall ohne Sinn, sondern ein wirkliches Orakel aus Memnons eigenem Munde, in sieben Versen, die ich euch noch hersagen könnte, wenn es uns nicht zu weit von der Hauptsache abführte. Auf der Rückreise trug es sich zu, dass ein Mann aus Memphis mit uns fuhr, ein Mann von erstaunlicher Weisheit und ein wahrer Adept in allen ägyptischen Wissenschaften. Man sagte von ihm, er habe ganze dreiundzwanzig Jahre unter der Erde gelebt und sei während dieser Zeit von der Isis selbst in der Magie unterrichtet worden ..."

„Du sprichst", unterbrach ihn Arignotos, „von meinem ehemaligen Lehrer Pankrates? War es nicht ein Mann vom Priester-Orden, mit abgeschorenen Haaren, der keine anderen als leinene Kleider trug – immer in tiefen Gedanken – sprach sehr rein Griechisch – ein langgestreckter Mann, mit herabhängender Unterlippe und etwas dünnen Beinen?"

„Von diesem nämlichen Pankrates", versetzte jener. „Anfangs wusste ich nicht, wer er war. Wie ich ihn aber, so oft wir ans Land stiegen, unter anderen wunderbaren Dingen auf Krokodilen reiten und mitten unter diesen und anderen Seetieren herumschwimmen sah und sah, wie sie Respekt vor ihm hatten und ihm mit dem Schwanz zuwedelten: Da merkte ich, dass der Mann etwas Außerordentliches sein musste, und nun suchte ich mich durch ein aufmerksames und gefälliges Betragen bei ihm in Gunst zu setzen. Es gelang mir auch so gut, dass er mich bald wie einen alten Freund behandelte und an allen seinen Geheimnissen teilnehmen ließ.

Endlich überredete er mich, meine Leute in Memphis zu lassen und ihn ganz allein zu begleiten; es würde uns an Bedienung niemals fehlen, sagte er. Ich gehorchte, und seitdem lebten wir folgendermaßen: Sobald wir in ein Wirtshaus kamen, nahm er einen hölzernen Türriegel oder einen Besen oder den Stößel aus einem hölzernen Mörser, legte ihm Kleider an und sprach ein paar magische Worte dazu. Sogleich wurde der Besen (oder was es sonst war) von allen Leuten für einen Menschen wie sie selbst gehalten; er ging hinaus, schöpfte Wasser, besorgte unsre Mahlzeit und wartete uns in allen Stücken so gut auf als der beste Bediente. Sobald wir seine Dienste nicht mehr nötig hatten, sprach mein Mann ein paar andere Worte, und der Besen wurde wieder Besen, der Stößel wieder Stößel, wie zuvor. Ich wandte alles Mögliche an, dass er mich das Kunststück lehren möchte, aber mit diesem Einzigen hielt er hinterm Berg, wiewohl er in allem anderen der gefälligste Mann von der Welt war.

Endlich fand ich doch einmal Gelegenheit, mich in einem dunklen Winkel verborgen zu halten und die Zauber-Formel, die er dazu gebrauchte, aufzuschnappen, da sie nur aus drei Silben bestand. Er ging darauf, ohne meiner gewahr zu werden, auf den Marktplatz, nachdem er dem Stößel befohlen hatte, was zu tun sei. Den folgenden Tag, da er geschäftehalber ausgegangen war, nehme ich den Stößel, kleide ihn an, spreche die besagten drei Silben und befehle ihm, Wasser zu holen. Sogleich bringt er mir einen großen Krug voll. ‚Gut', sprach ich, ‚ich brauche kein Wasser mehr, werde wieder zum Stößel!' Aber er kehrte sich nicht an meine Reden, sondern fuhr fort, Wasser zu tragen, und trug so lange, dass endlich das ganze Haus damit angefüllt war. Mir fing an bange zu werden, Pankrates, wenn er zurückkäme, möchte es übel nehmen (wie es denn auch geschah), und weil ich mir nicht anders zu helfen wusste, nahm ich eine Axt und hieb den Stößel mitten entzwei. Aber da hatte ich es übel getroffen; denn nun packte jede Hälfte einen Krug an und holte Wasser, so dass ich statt einem Wasserträger nun ihrer zwei hatte. Mittendrin kommt mein Pankrates zurück, und wie er sieht, was passiert war, gibt er ihnen ihre vorige Gestalt wieder; er selbst aber machte sich heimlich aus dem Staube, und ich habe ihn nie wieder gesehen."

„Du kannst also", sagte Deinomachos, „vermutlich das Kunststück noch jetzt, aus einer Mörserkeule einen Menschen zu machen?"

„Beim Jupiter, aus der Hälfte sogar!", antwortete Eukrates. „Aber da ich ihm, wenn er einmal Wasserträger worden ist, seine vorige Gestalt nicht wiedergeben kann, so würde er uns mit seiner ungebetenen Emsigkeit das ganze Haus unter Wasser setzen."

Hier fing mir die Geduld an auszugehen.

„Werdet ihr nicht endlich aufhören", rief ich, „so unvernünftiges Zeug zu reden, das Männern von euren Jahren so übel ansteht? Und wenn ihr ja so wenig Achtung vor euch selber tragt, so solltet ihr wenigstens diese jungen Leute schonen und euch ein Gewissen daraus machen, ihnen dergleichen ungereimte und schauderliche Märchen in den Kopf zu setzen, die, wenn sie sich ihrer Einbildungskraft einmal bemächtigt haben, sie auf ihr ganzes Leben beunruhigen, vor jedem rauschenden Laube zittern machen und allen Arten von Aberglauben und Geisterfurcht preisgeben."

„Oh, da bringst du mich eben auf den rechten Punkt", sagte Eukrates, „da du von Geisterfurcht sprichst. Was sagst du denn zu den Augurien und Orakeln und Weissagungen künftiger Dinge, die entweder aus heiligen Grüften hervorschallen oder aus göttlichem Antrieb von begeisterten Personen mit übermenschlicher Stimme verkündigt werden? Oder aus der keuchenden Brust einer prophetischen Jungfrau in Versen ertönen? Ohne Zweifel wird auch dies alles keinen Glauben bei dir finden? Und gleichwohl – dass ich selbst einen talismanischen Ring mit dem Bildnis des delphischen Apollo besitze, welches mich von Zeit zu Zeit gewisse prophetische Laute hören lässt, davon will ich nichts gesagt haben, damit du nicht denkst, ich gebe so etwas Außerordentliches aus Ruhmredigkeit vor. Was ich aber zu Mallos im Tempel des Amphilochos, wo dieser Halbgott in Person mit mir sprach und mir seinen Rat über meine Angelegenheiten erteilte, gehört und gesehen, ungleichem, was ich hernach zu Pergamon gesehen und zu Patarai gehört habe, will ich euch ohne Bedenken erzählen.

Als ich nämlich aus Ägypten wieder nach Hause reiste und unterweges hörte, dass das Orakel zu Mallos eines der berühmtesten und wahrhaftesten sei und alle Fragen, die man dem Propheten schriftlich vorlege, von Wort zu Wort beantworte, so wusste ich nichts Besseres zu tun, als im Vorbeifahren dieses Orakel selbst zu probieren und mich bei dem Gotte über gewisse künftige Dinge Rates zu erholen."

Eukrates war, wie du aus diesem Anfang siehst, auf einem schönen Wege, eine lange Tragödie von Orakeln anzufangen, von der ich das Ende abzuwarten keine Lust hatte. Da ich also sah, was für einen neuen Schwung die Unterhaltung nahm, und es nicht für allzu anständig hielt, der Einzige zu sein, der allen Übrigen immer ins Gesicht widerspräche, auch deutlich genug merken konnte, dass ihnen meine Gegenwart lästig war, fand ich für gut, ihn seine Reise aus Ägypten nach Mallos ohne mich fortsetzen zu lassen, und sagte: „Ich, meines Ortes, gehe den Leontichos aufsuchen, mit dem ich etwas Nötiges zu sprechen habe. Ihr Herren aber, weil ihr doch an den menschlichen Dingen nicht genug zu haben glaubt, nehmt nun die Götter selbst zu Hilfe, um euch mit neuem Stoffe zu Wundermärchen zu versehen."

Hiermit ging ich meines Weges und ließ ihnen, zu ihrer großen Freude, volle Freiheit, einander wechselweise mit Lügen zu traktieren und bis an die Kehle vollzupfropfen.

Und so hättest du also, lieber Philokles, eine kleine Probe der schönen Geschichten, die mir mein Besuch bei Eukrates eingetragen hat. Ich gestehe, dass mir nicht anders dabei zumute ist, als einem, der zu viel neuen Most getrunken, und dass ich ein gutes Brechmittel ebenso nötig hätte. Ich wollte viel Geld darum geben, wenn ich eine Arznei bekommen könnte, die alles, was ich diesen Morgen gehört, rein aus meinem Gedächtnisse wegspülte, um nicht auf eine oder andere Art dadurch zu Schaden zu kommen. Denn mir ist immer noch, als ob ich lauter Zeichen und Wunder, Nachtgespenster und sechzig Ellen lange Höllengöttinnen vor den Augen habe.

Markus: Jesus als Exorzist

Das Markusevangelium ist das früheste der vier kanonischen Evangelien des Neuen Testaments. Sein in einfachem Griechisch gehaltener Text entstand etwa um 70 n. Chr., wie man aus einem Hinweis auf die Zerstörung des Tempels von Jerusalem ersehen kann, der in jenem Jahr geschah und hier als Prophezeiung seitens Jesus verarbeitet ist.

In allen Evangelien finden sich zahlreiche Episoden, in denen Jesus von Nazareth Wunder vollbringt, Kranke heilt oder Tote auferweckt. Vor allem aber befreit er diverse Male „Besessene" von bösen Geistern. Der hier geschilderte Exorzismus (Mk 5.1 ff.) ist dennoch etwas Besonderes: Meistens erfährt man nur, dass Jesus den Teufel oder Dämonen austreibt, aber hier wird obendrein geschildert, was mit bösen Geistern geschieht, nachdem sie einen Menschen verlassen haben. Den Grund aber, warum die Teufel so gerne in die Schweine fahren wollen, bleibt uns der Erzähler schuldig.

Sicherlich sind die Beschreibungen Leidender im Rahmen solcher „Teufelsaustreibungen" dem mangelnden Verständnis psychischer Störungen geschuldet, auch wenn die katholische Kirche bis heute den Exorzismus praktiziert und Priester zu Exorzisten ausbildet – man denke nur an die 23-jährige Epileptikerin Anneliese Michel, die Mitte der Siebzigerjahre beim „Großen Exorzismus" durch katholische Priester verstarb. Begründet wird die Praxis des Exorzismus nicht zuletzt mit den vielen Stellen im Neuen Testament, in denen Jesus Dämonen austreibt, die von Menschen Besitz ergriffen haben. Tatsächlich ist dies in der Bibel eine seiner häufigsten Tätigkeiten.

Diese Episode wird übrigens in ganz ähnlichem Wortlaut bei Lukas aufgegriffen (Lk 8.26 ff.) und, etwas weniger ausführlich, im Matthäusevangelium (Mt 8.28 ff.). Die Übersetzung hier folgt der Lutherbibel in der neu bearbeiteten und vom Deutschen Evangelischen Kirchenausschuss genehmigten Fassung von 1912, die den sprachlichen Eigenarten der Lutherübersetzung größtenteils treu bleibt, aber einige Fehler, die Luther bei der Übersetzung unterliefen, berichtigt.

Und sie kamen jenseits des Meers in die Gegend der Gadarener. Und als er aus dem Schiff trat, lief ihm alsbald entgegen aus den Gräbern ein besessener Mensch mit einem unsauberen Geist, der seine Wohnung in den Gräbern hatte; und niemand konnte ihn binden, auch nicht mit Ketten. Denn er war oft mit Fesseln und Ketten gebunden gewesen und hatte die Ketten abgerissen und die Fesseln zerrieben; und niemand konnte ihn zähmen. Und er war allezeit, Tag und Nacht, auf den Bergen und in den Gräbern, schrie und schlug sich mit Steinen.

Da er aber Jesus von Ferne sah, lief er zu und fiel vor ihm nieder, schrie laut und sprach: „Was habe ich mit dir zu tun, oh Jesu, du Sohn Gottes, des Allerhöchsten? Ich beschwöre dich bei Gott, dass du mich nicht quälst!"

Denn er sprach zu ihm: „Fahre aus, du unsauberer Geist, von dem Menschen!" Und er fragte ihn: „Wie heißt du?"

Und er antwortete und sprach: „‚Legion' heiße ich; denn wir sind unser viele." Und er bat ihn sehr, dass er sie nicht aus der Gegend triebe.

Und es war daselbst an den Bergen eine große Herde Säue auf der Weide.

Und die Teufel baten ihn alle und sprachen: „Lass uns in die Säue fahren!"

Und alsbald erlaubte es ihnen Jesus. Da fuhren die unsauberen Geister aus und fuhren in die Säue; und die Herde stürzte sich von dem Abhang ins Meer (ihrer waren aber bei zweitausend) und ersoffen im Meer.

Und die Sauhirten flohen und verkündigten das in der Stadt und auf dem Lande. Und sie gingen hinaus, zu sehen, was da geschehen war, und kamen zu Jesu und sahen den, der von den Teufeln besessen war, dass er saß und war bekleidet und vernünftig, und fürchteten sich. Und die es gesehen hatten, sagten ihnen, was dem Besessenen widerfahren war, und von den Säuen. Und sie fingen an und baten ihn, dass er aus ihrer Gegend zöge.

Und da er in das Schiff trat, bat ihn der Besessene, dass er bei ihm sein möge.

Aber Jesus ließ es nicht zu, sondern sprach zu ihm: „Gehe hin in dein Haus und zu den Deinen und verkündige ihnen, wie große Wohltat dir der Herr getan und sich deiner erbarmt hat."

Und er ging hin und fing an, auszurufen in den zehn Städten, wie große Wohltat ihm Jesus getan hatte; und jedermann wunderte sich.

Philostrat: Vom Dämon besessen

Die folgende Geschichte stammt, wie bereits die Erzählung von der Empuse weiter vorne in diesem Band, aus dem *Leben des Apollonios von Tyana* von Philostrat (s. S. 27). *Herders Conversations-Lexikon* von 1854 weiß zu berichten, man habe sich über Apollonios Folgendes erzählt: „Er durchwanderte Asien, kam nach Indien und lernte die Weisheit der Braminen, kehrte von dort über Babylon nach Ionien zurück und soll auch Griechenland und Italien besucht haben. Er wurde von dem Volke wie ein Gott verehrt, verrichtete viele Wunder etc. und starb mehr als 1000jährig in Ephesus." Tatsächlich diente Apollonios den Neopythagoreern vor allem zur Zeit Philostrats, als der christliche Glaube im Römischen Reich immer mehr um sich griff, als eine Art Gegenentwurf zu Jesus Christus. In der nun vorzustellenden Erzählung geht es wieder um eine „Wundertat" des Apollonios bzw. um eine Begegnung mit dem Übersinnlichen. Und natürlich gelingt es ihm auch hier, souverän die Oberhand zu behalten.

Die hier dargestellte Passage (Ap. 4.19 f.) ist besonders reizvoll und nur eine von zahlreichen Wundertaten, die Apollonios traditionell zugeschrieben wurden. Sie erinnert nicht von ungefähr an einen (zugegeben mit wenig Aufwand betriebenen) Exorzismus, auch wenn die Beschreibung des „besessenen" jungen Mannes eher an einen Manisch-Depressiven denken lässt – oder sogar einfach nur an einen Pubertierenden. Das macht das Ganze heute sogar fast unfreiwillig komisch. In Philostrats Sinn dürfte dies wohl kaum gewesen sein.

Die folgende Übersetzung stammt wieder von Friedrich Jacobs, der neben Philostrat u. a. Demosthenes, Longos und Velleius Paterculus ins Deutsche übertrug.

Die zahlreichen Vorträge, welche Apollonios, wie Damis erzählt, in Athen hielt, hat dieser nicht alle aufgeschrieben, sondern nur die notwendigsten und wichtigsten. Da er sah, dass die Athener Freunde von Opfern waren, so sprach er in seiner ersten Unterredung über diesen Gegenstand und wie man jedem Gotte auf die ihm eigentümliche Weise und zu welcher Zeit des Tages und der Nacht Opfer und Trankopfer und Gebete darbringen müsse. Auch gibt es eine Schrift des Apollonios, wo er (in der ihm eigenen Sprache) über diesen Gegenstand Lehren erteilt.

In Athen aber trug er ihn vorzüglich in Rücksicht auf seine und der Athener Weisheit vor, dann auch, um die schmähenden und unverständigen Reden des Hierophanten zu widerlegen. Denn wer konnte noch glauben, dass der Mann sich mit Dämonen befleckt habe, der über die rechte Weise, den Göttern zu dienen, philosophierte?

Als er über die Trankopfer sprach, war einer der weichlichen Jünglinge gegenwärtig, der für so ausschweifend galt, dass er einst in den Liedern der Magoden einen Platz bekam. Sein Vaterland war Korkyra, und er führte sein Geschlecht zu Alkinoos, dem Gastfreund des Odysseus, und den Phaiaken, zurück.

Apollonios sprach also, wie gesagt, über die Trankopfer und schrieb vor, aus einem solchen Becher nicht zu trinken, sondern ihn rein und unbefleckt für die Götter zu bewahren. Da er ferner auch verlangte, an einen solchen Becher Henkel zu machen und den Trank an der Stelle der Henkel auszugießen, wo die Menschen am wenigsten tränken, schlug der Jüngling ein lautes und unanständiges Gelächter auf.

Da warf Apollonios einen Blick auf ihn und sagte: „Nicht du treibst diesen Frevel, sondern der Dämon, der dich ohne dein Wissen beherrscht!"

Und in der Tat war der Jüngling besessen, ohne dass man es wusste. Denn er lachte über Dinge, über die sonst niemand lachte, und fing dann wieder an zu weinen ohne Veranlassung; auch sprach er mit sich selbst und sang. Die Leute hielten dies für eine Wirkung jugendlicher Zügellosigkeit; er folgte aber den Eingebungen des Dämon, und so schrieb man auch damals diesen Anfall seinem gewöhnlichen Mutwillen zu.

Als aber Apollonios scharfe und zornige Blicke auf ihn warf, stieß der Dämon Töne aus wie einer, der gequält wird und jammert, und schwor, den Jüngling freizulassen und keinen Menschen mehr anzufallen.

Als jedoch Apollonios voll Zorn zu ihm sprach wie ein Herr zu einem schelmischen, ränkevollen und schamlosen Knecht und ihm befahl, sich mit einem sichtbaren Zeichen zu entfernen, sagte er: „Ich will dort das Standbild umwerfen", und zeigte dabei auf ein Standbild bei der königlichen Halle, in deren Nähe dieses vorging.

Da nun dieses erst in Bewegung geriet und dann fiel – wer könnte das Getöse beschreiben, das darüber entstand, und den Beifall der Bewunderung. Der Jüngling aber rieb sich die Augen, als ob er aus dem Schlaf erwachte, und sah in die Sonne und schämte sich, da alle Augen sich auf ihn richteten. Er erschien aber nicht mehr als der ausschweifende Mensch wie vorher und blickte nicht mehr so ungeregelt umher, sondern kehrte zu seiner eigentümlichen Natur zurück – nicht anders, als ob er eine heilsame Arznei genommen hätte. Auch gab er den Gebrauch weichlicher Kleider und Gewänder und den übrigen sybaritischen Luxus auf, fasste Liebe zu philosophischer Rauheit und Tracht und ergab sich der Weise des Apollonios.

Platon: Woher böse Geister kommen

Von Sokrates, dem größten Denker und Philosoph der Antike, sind keinerlei Schriften erhalten. Alles, was wir über ihn und von ihm wissen und besitzen, hat sein Schüler Platon (428–348 v. Chr.) aufgeschrieben. Diese Schriften sind Dialoge, in denen Sokrates sich mit verschiedenen Personen unterhält und sie durch geschicktes Nachfragen in der Regel dazu bringt, ihre ursprünglich gefasste Meinung selbst infrage zu stellen. Der Dialog ist ein geschickter literarischer Kunstgriff, der Platons Werke viel leichter konsumierbar macht als die langen theoretischen Traktate anderer Philosophen.

Der folgende Text entstammt dem Dialog *Phaidon*, in dem jemand über den Tag berichtet, an dem Sokrates hingerichtet wurde. Sokrates war wegen Gottlosigkeit und Verführung der Jugend zum Tode verurteilt worden, und in seinen letzten Lebensstunden, die hier geschildert werden, unterhielt er sich mit seinen Schülern über den Tod und darüber, was wohl mit der Seele geschieht, wenn wir sterben. Die Episode (Phaid. 80 f.) fällt in diesem Band zugegebenermaßen ein wenig aus dem Rahmen, da sie im Grunde genommen nicht der erzählenden Literatur zuzurechnen ist. Aber sie zeigt, dass selbst ein Denker wie Sokrates der Ansicht war, dass es gute und böse Geister gebe und dass Letztere die Angewohnheit hätten, an „Denkmälern und Gräbern" umherzuschleichen.

Übersetzt wurde der Text vom bedeutenden Theologen, Philosoph, Pädagogen und Soziologen Friedrich Schleiermacher (1768–1834). Sein bedeutendstes Werk war *Über die Religion. Reden an die Gebildeten unter ihren Verächtern* (1799). Schleiermachers Platon-Übersetzungen, die zwischen 1804 und 1810 erschienen, übten großen Einfluss auf das moderne Bild von Platon und die Rezeption der antiken Philosophie aus und werden heute noch regelmäßig aufgelegt.

„Betrachte es auch von dieser Seite, dass, solange Leib und Seele zusammen sind, die Natur ihm gebietet zu dienen und sich beherrschen zu lassen, ihr aber zu herrschen und zu regieren, auch hiernach nun welches von beiden dünkt dich dem Göttlichen ähnlich zu sein und welches dem Sterblichen? Oder dünkt dich nicht das Göttliche so geartet zu sein, dass es herrscht und regiert, das Sterbliche aber, dass es sich beherrschen lässt und dient?"

„Das dünkt mich."

„Welchem gleicht nun die Seele?"

„Offenbar, oh Sokrates, die Seele dem Göttlichen und der Leib dem Sterblichen."

„Sieh nun zu", sprach er, „oh Kebes, ob aus allem Gesagten uns dieses hervorgeht, dass dem Göttlichen, Unsterblichen, Vernünftigen, Eingestaltigen, Unauflöslichen und immer einerlei und sich selbst gleich sich Verhaltenden am ähnlichsten ist die Seele, dem Menschlichen und Sterblichen und Unvernünftigen und Vielgestaltigen und Auflöslichen und nie einerlei und sich selbst gleich Bleibenden diesem wiederum der Leib am ähnlichsten ist? Oder wissen wir hingegen noch etwas anderes zu sagen, lieber Kebes, dass es sich nicht so verhalte?"

„Wir wissen nichts dergleichen."

„Wie nun, wenn sich dieses so verhält, kommt nicht dem Leibe wohl zu, leicht aufgelöst zu werden, der Seele hingegen, ganz und gar unauflöslich zu sein oder wenigstens beinahe so?"

„Wie sollte es nicht?"

„Und du bemerkst doch", sprach er, „dass, wenn der Mensch stirbt, auch seinem Sichtbaren, dem Leibe, der noch im Sichtbaren daliegt, den wir ‚Leichnam' nennen und dem es zukommt, aufgelöst zu werden und zu zerfallen und verweht zu werden, nicht gleich etwas hiervon widerfährt, sondern er noch eine ganz geraume Zeit so bleibt, und wenn einer bei günstiger Leibesbeschaffenheit stirbt und zu eben solcher Zeit, dann gar lange. Und wenn der Leib zusammengefallen ist und getrocknet, wie sie in Ägypten aufgetrocknet werden, so hält er sich fast undenkliche Zeit. Ja, einige Teile des Leibes, wie Knochen, Sehnen und alle dergleichen sind, wenn er auch schon verfault ist sozusagen doch fast unsterblich. Oder nicht?"

„Ja."

„Und die Seele also, das Unsichtbare und sich an einen anderen eben solchen Ort Begebende, der edel und rein und unsichtbar ist, nämlich in die wahre Geisterwelt, zu dem guten und weisen Gott, wohin, wenn

Gott will, alsbald auch meine Seele zu gehen hat, diese, die so beschaffen und geartet ist, sollte, wenn sie von dem Leibe getrennt ist, sogleich verwebt und untergegangen sein, wie die meisten Menschen sagen? Daran fehlt wohl viel, ihr lieben Kebes und Simmias! Sondern vielmehr verhält es sich so, wenn sie sich rein losmacht und nichts von dem Leibe mit sich zieht, weil sie mit gutem Willen nichts mit ihm gemein hatte im Leben, sondern ihn floh und in sich selbst gesammelt blieb und dies immer im Sinn hatte, was nichts anderes heißen will, als dass sie recht philosophierte und darauf dachte leicht zu sterben; oder hieß dies nicht auf den Tod bedacht sein?"

„Allerdings ja."

„Also welche sich so verhält, die geht zu dem ihr Ähnlichen, dem Unsichtbaren und zu dem Göttlichen, Unsterblichen, Vernünftigen, wohin gelangt ihr dann zuteil wird glückselig zu sein, von Irrtum und Unwissenheit, Furcht und wilder Liebe und allen anderen menschlichen Übeln befreit, indem sie, wie es bei den Eingeweihten heißt, wahrhaft die übrige Zeit mit Göttern lebt. Wollen wir so sagen, oh Kebes, oder anders?"

„So, beim Zeus", sprach Kebes.

„Wenn sie aber, meine ich, befleckt und unrein von dem Leibe scheidet, weil sie eben immer mit dem Leib verkehrt und ihn gepflegt und geliebt hat und von ihm bezaubert gewesen ist und von den Lüsten und Begierden, so dass sie auch glaubte, es sei überall gar nichts anderes wahr als das Körperliche, was man betastet und sieht, isst und trinkt und zur Liebe gebraucht, und weil sie das für die Augen Dunkle und Unsichtbare, der Vernunft hingegen Fassliche und mit Weisheitsliebe zu Ergreifende gewohnt gewesen ist zu hassen und zu scheuen und zu fürchten – meinst du, dass eine so beschaffene Seele sich rein für sich wird absondern können?"

„Wohl nicht im Mindesten", sprach er.

„Sondern durchzogen vom Körperlichen, womit sie durch den Umgang und Verkehr mit dem Leib, wegen des ununterbrochenen Zusammenseins und der vielen Sorge um ihn, gleichsam zusammengewachsen ist?"

„Freilich."

„Und dies, oh Freund, muss man doch glauben, sei unbeholfen und schwerfällig, irdisch und sichtbar, so dass auch die Seele, die es an sich hat, schwerfällig ist und wieder zurückgezogen wird in die sichtbare Gegend aus Furcht vor dem Unsichtbaren und der Geisterwelt, wie man sagt, an den Denkmälern und Gräbern umherschleichend, an denen daher auch allerlei dunkle Erscheinungen von Seelen gesehen worden sind, wie denn solche Seelen wohl Schattenbilder darstellen müssen, welche nicht rein abgelöst sind, sondern noch teilhaben an dem Sichtbaren, weshalb sie denn auch gesehen werden."

„Das leuchtet wohl ein, oh Sokrates."

„Und freilich leuchtet auch ein, oh Kebes, dass dies nicht die Seelen der Guten sind, sondern der Schlechten, welche um dergleichen gezwungen sind herumzuirren, Strafe leidend für ihre frühere Lebensweise, welche schlecht war. Und so lange irren sie, bis sie durch die Begierde des sie noch begleitenden Körperlichen wieder gebunden werden in einen Leib. Und natürlich werden sie in einen von solchen Sitten gebunden, deren sie sich befleißigt hatten im Leben."

„Was meinst du für welche, oh Sokrates?"

„Die, die sich ohne alle Scheu der Völlerei und des Übermuts und Trunkes befleißigten, solche begeben sich wohl natürlich in Esel und ähnliche Arten von Tieren. Oder meinst du nicht?"

„Das ist ganz wahrscheinlich."

„Die aber Ungerechtigkeit, Herrschsucht und Raub vorzogen, diese dagegen in die verschiedenen Geschlechter der Wölfe, Habichte und Geier? Oder wohin anders sollen wir sagen, dass sie gehen?"

Plautus: Hier spukt's!

Titus Plautus (ca. 250–ca. 180 v. Chr.) ist einer von nur zwei römischen Komödienschriftstellern, deren Werke bis heute überlebt haben. Er kam aus einem Ort in der Nähe von Rimini nach Rom und verfasste ausschließlich Komödien, die man zum Genre der sogenannten *fabula palliata* zählt, der „Komödie in griechischer Tracht" – sie hieß so, weil ihre Stücke lateinische Neufassungen griechischer Originale waren, die in Griechenland spielten und sogar griechische Kostüme verwendeten. Dennoch entstammte das Personal dieser Theaterstücke dem bürgerlichen Milieu Roms, und sie brachten zahlreiche Stereotypen wie den geizigen Schwiegervater oder den listigen Sklaven auf die Bühne. Der Humor als solcher hat sich indes bis heute kaum verändert, mit Intrigen, Verwechslungen, Irrtümern und dem obligatorischen Happy End.

Das alles trifft auch auf die sogenannte *Gespensterkomödie* zu, eine von 20 (annähernd) vollständig erhaltenen Komödien des Plautus. Zum Hintergrund der Handlung: Tranio ist ein Sklave des Kaufmanns Theopropides, und während sein Herr längere Zeit im Ausland war, hat er dessen Besitz verprasst und einen schlechten Einfluss auf den Sohn ausgeübt. Als sein Herr nun wiederkommt, will Tranio ihn daran hindern, sein Haus zu betreten und zu bemerken, was sein Sklave alles angestellt hat. Dazu erfindet er eine Gruselgeschichte: Der Geist eines ermordeten Mannes gehe im Haus um, als Gespenst. Hier setzt der nun folgende Abschnitt (Most. 446 ff.) ein.

Übersetzt hat die *Gespensterkomödie* der gebürtige Krefelder Johann Jakob Christian Donner (1799–1875), der für seine zahlreichen Übersetzungen antiker Dichtungen im Versmaß bekannt ist. Neben Plautus übertrug er u. a. Sophokles, Pindar und Terenz in Deutsche. Diese Übersetzung hier erschien 1865.

TRANIO: *(stellt sich überrascht)* Theopropides!
Willkommen, Herr! Es freut mich, dich wohlauf zu sehen.
Du warst doch immer wohl?

THEOPROPIDES: Ja, wie du siehst.

TRANIO: Oh schön!

THEOPROPIDES: Doch – seid ihr toll?

TRANIO: Warum das?

THEOPROPIDES: Weil ihr vor dem Haus
herumspaziert, und keine Seele drinnen ist,
die Wache hält, aufschließt und Antwort geben kann.
Mit Klopfen schlug ich fast die beiden Flügel ein.

TRANIO: *(schaudert zurück)* Oho!
So hast du dieses Haus berührt?

THEOPROPIDES: Was sollte ich es nicht?
Mit Klopfen, sage ich, schlug ich fast die Tür entzwei.

TRANIO: Berührt?

THEOPROPIDES: Berührt und drauf geklopft.

TRANIO: Weh, weh!

THEOPROPIDES: Was ist es?
Wie konnte ich denn drauf klopfen, hätte ich es
nicht berührt?

TRANIO: Da tatest du schlimm.

THEOPROPIDES: Wie käme das?

TRANIO: Es lässt sich nicht
mit Worten sagen, welchen Gräuel du da verübt.

THEOPROPIDES: Warum? Was bringst du plötzlich mir die Neuigkeit?

TRANIO: Du hast gemordet ...

THEOPROPIDES: Wen denn?

TRANIO: Alle die Deinigen.

THEOPROPIDES: Dass dich die Götter alle für dies böse Wort ...!

TRANIO: Nie kannst du, fürchte ich, dich und sie entsündigen.

THEOPROPIDES: Was nun?

TRANIO: Entflieh, ich bitte, tritt vom Haus weg;
fleih hierher, näher her zu mir! Auch diese lass
(auf die Träger des Gepäckes deutend)
noch weiter auf die Seite gehen, ich bitte dich.

THEOPROPIDES: *(zu den Trägern)* Geht weg von hier!

TRANIO: Berührt das Haus nicht; nein, berührt
die Erde!

THEOPROPIDES: Sprich, was sollen wir denn nicht ins Haus?

TRANIO: Jetzt sind es sieben Monde, dass kein Mensch den Fuß
hereingesetzt hat, seit wir ausgezogen sind.

THEOPROPIDES: Sprich doch, warum das?

TRANIO: Sieh dich um, ob niemand hier
auf unsre Worte lauschen kann.

THEOPROPIDES: Ganz sicher ist es.

TRANIO: Sieh noch einmal!

THEOPROPIDES: Kein Mensch ist nah; rede nur!

TRANIO: Ein Mord wurde hier begangen.

THEOPROPIDES: Ich begreife es nicht.

TRANIO: Ein Hauptverbrechen, sage ich, wurde vorlängst verübt …

THEOPROPIDES: Vorlängst?

TRANIO: Und dieses haben wir jetzt erst entdeckt.

THEOPROPIDES: Und welcher Art denn? Oder wer beging die Tat?

TRANIO: Hier hat ein Gastfreund einen Gastfreund umgebracht,
derselbe, glaube ich, der an dich das Haus verkauft …

THEOPROPIDES: Was? Umgebracht?

TRANIO: Und alles Geldes ihn beraubt
und dann den Gastfreund eben hier im Haus verscharrt.

THEOPROPIDES: Was war es, das euch diese Tat vermuten ließ?

TRANIO: Ich will dir es sagen. Abends war dein Sohn einmal
auswärts zu Gast. Wie er dann nach Hause kam,
so gehen wir allesamt zu Bett und schliefen ein.
Die Lampe hatte ich aus Versehen nicht ausgelöscht.
Da fing er plötzlich mörderisch zu schreien an.

THEOPROPIDES: Wer schrie? Mein Sohn?

TRANIO: Still! Schweige! Höre nur! Im Schlaf
erschien der Tote deinem Sohn, so sagte er uns.

THEOPROPIDES: Im Schlaf war es?

TRANIO: Allerdings. Doch höre nur!
Der Tote, sprach er weiter, habe ihm dies gesagt …

THEOPROPIDES: Im Schlaf?

TRANIO: Freilich sollte er es wohl im Wachen tun,
er, der vor sechzig Jahren schon ermordet wurde!
Nein, manchmal fehlte dir es hier im Kopf, Theopropides!

THEOPROPIDES: Ich schweige schon.

TRANIO: Nun höre, was der Tote sprach:
„Ich bin der überseeische Gast, Diapontios,
und hause hier; die Wohnung ist mir zugeteilt.
Mich nahm in seine Räume nicht der Orkus auf,
weil ich zu früh das Leben ließ. Durch Freundestrug
wurde ich getäuscht: Mein Wirt erschlug mich und vergrub
mich unbestattet insgeheim im Haus hier,
der Schalk, des Goldes wegen. Zieh du jetzt hinweg:
Das ist ein Haus des Gräuels, ist verflucht."
(die Zecher im Haus verraten sich durch Geräusch)
Das Grauen, das hier umgeht, zu schildern, reicht ein Jahr nicht aus.
Still! Still!

THEOPROPIDES: Was ist geschehen?

TRANIO: Eben hat die Tür geknarrt.

THEOPROPIDES: Hat es hier geklopft?
(außer sich vor Angst, beiseite) Ich habe keinen Tropfen Blut.
Lebendig holen die Toten mich in den Acheron.

TRANIO: *(für sich)*
Weh! Die verwirren heute mir das ganze Spiel.
Mir bangt gewaltig, der ertappt mich auf der Tat.

THEOPROPIDES: Was sprichst du mit dir selber?

TRANIO: Geh von der Tür weg:
Entflieh, entflieh doch!

THEOPROPIDES: Und wohin? Fliehst du denn auch?

TRANIO: Ich fürchte nichts; ich habe vor den Toten Ruhe.

Theopropides: He! Tranio!

Tranio: Wenn du klug bist, rufe mich nicht an.
Ich habe nichts verbrochen, nicht an die Tür gepocht.

Theopropides: Was fehlt dir aber, Tranio? Was treibt dich um?
Mit wem verkehrst du?

Tranio: Warst du es, der mich eben rief?
So wahr mich Zeus – ich glaubte, dass der Tote sich
beschwere, weil ich (meinte er wohl) an die Tür gepocht.
Du bleibst noch immer stehen, tust nicht, was du sollst?

Theopropides: Was soll ich?

Tranio: Nicht umblicken, fliehen mit verhülltem Haupt.

Theopropides: Was fliehst du nicht?

Tranio: Ich habe vor den Toten Ruhe.

Theopropides: Das weiß ich. Aber was erschreckte dich so sehr?

Tranio: Du darfst um mich nicht sorgen, bin schon selbst besorgt.
Du flieh, wie du begonnen, flieh, soweit du kannst,
und rufe zu Herkules!

Theopropides: Herkules, dich rufe ich an!
(er geht ab)

Tranio: *(für sich)* Ich rufe ihn auch an, dass er heut dir eins versetzt.
Ihr ewigen Götter, eure Hilfe flehe ich an!
Was (Henker!) machte ich heute doch für tolles Zeug!
(er geht ab)

Verstümmelung und Tod

„Also, warum", sagt er, „schlachtet er mich nicht ab?"
„Weil er den Tod deines Kindes für noch schrecklicher hält als deinen eigenen."

Libanios, *Reden* 41

Ovid: Kannibale wider Willen

Er war und ist einer der beliebtesten Dichter der lateinischen Sprache: Publius Ovidius Naso (43 v. Chr.–ca. 17 n. Chr.), dessen Werk nicht nur die Literatur, sondern auch die bildende Kunst maßgeblich beeinflusst hat. Er stammte aus den Abruzzen und kam zur Ausbildung, wie damals üblich, nach Rom. Die begonnene Politikerlaufbahn brach er bald ab und wurde wie sein Kollege Tibull in den Freundeskreis des Gönners Messalla aufgenommen, wodurch er auch in die Nähe von Kaiser Augustus kam. Kurz bevor er sein Hauptwerk, die *Metamorphosen*, im Jahr 8 n. Chr. vollendete, muss jedoch etwas vorgefallen sein, das ihn bei Augustus ihn Ungnade fallen ließ: Er wurde aus Rom verbannt und musste nach Tomis ans Schwarze Meer umsiedeln (ins heutige Rumänien), an den hintersten Winkel des Römischen Reiches. Nie wieder durfte er nach Rom zurückkehren.

Die *Metamorphosen* sind ein Epos von 12 000 Versen, das kunstvoll Mythen miteinander verknüpft, in denen es um Verwandlungen geht. Die hier vorgestellte Geschichte ist eine der grausamsten Erzählungen der antiken Mythologie überhaupt. Es ist eine der wenigen Geschichten in diesem Band ohne übernatürliche Elemente (abgesehen von der Verwandlung der Protagonisten am Ende), aber dabei nicht weniger gruselig.

Das Motiv des unfreiwilligen Kannibalismus taucht in der Mythologie häufiger auf und wird uns auch in diesem Buch noch einmal begegnen. Es findet sich auch später in der Weltliteratur und Kunst wieder, vom Theater (Shakespeare: *Titus Andronicus*, 1593) über den Roman (Ransmayr: *Die letzte Welt*, 1988) bis zum Film (de Oliveira: *Die Kannibalen*, 1988) und Musical (Sondheim/Wheeler: *Sweeney Todd*, 1979).

Der nun folgende Text ist ein weiteres Beispiel für das Können von Johann Heinrich Voß (s. S. 39). Seine Übersetzung der *Metamorphosen* wurde 1798 veröffentlicht; zu dieser Zeit war Voß Direktor der Lateinschule im schleswig-holsteinischen Eutin, die heute selbstverständlich „Johann-Heinrich-Voß-Schule“ heißt. Neben seinen Übersetzungen antiker Werke übertrug er auch die französische Fassung der *Geschichten aus 1001 Nacht* ins Deutsche sowie die Werke Shakespeares.

Barbaren schreckten, gelandet, Athens mopsopische Mauern.
Aber es kam hilfreich der gerüstete Thraker, Tereus,
scheuchte den Feind und gewann den glänzenden Namen des Siegers.
Diesem, der weit vorherrschte an der Länder Gebiet und der Männer
und sein tapferes Geschlecht ableitete selbst von Gradivus,
gab Pandion die Prokne zur Braut. Doch nicht Hymenaios,
Juno, die Eheliche, nicht, noch die Grazie nahte dem Lager.
Furien hielten empor die geraubten Leichenfackeln;
Furien breiteten ihnen das Bett; der entweihende Uhu
brütete im Dach und saß auf dem Giebel des Ehegemachs.
Solch ein Vogel verband mit Tereus Prokne; zu Eltern
segnete solcher sie ein. Glückwünschungen jubelte freilich
Thrakien; selbst auch brachten sie Dank den unsterblichen Göttern;
und wie den Tag, der dem Herrscher Pandions Tochter vermählte,
so der ihm Itys geschenkt, verordneten alle zum Festtag.

Oh, wie tief ist verborgen, was frommt! Schon führte Titan
durch fünf Herbste den Lauf des wiederkehrenden Jahres,
als so Prokne den Mann liebkoste: „Finde ich noch etwas
Freundlichkeit, sende entweder mich selbst zum Besuche der Schwester,
oder sie komme zu mir. Verheiße dem Schwager, in Kürze
kehre sie wieder zurück. Ein Geschenk wie der segnenden Götter
wird mir es sein, die Schwester zu schauen!“ Er ordnet, die Barken
niederzuziehen in die Flut, und geht mit Ruder und Segel
in den kekropischen Port und berührt die piräischen Ufer.

Gleich wie zuerst der Schwager sich darbietet und ihn bewillkommt,
Hand in Hand, fängt wechselnd das unheilschwangere Gespräch an.
Kaum noch war des Besuchs Ursache und die Bitte der Gattin
angesagt und gelobt der Gesendeten baldige Heimkehr;
siehe, da kommt glanzreich in fürstlicher Pracht Philomela,
glänzender noch an Gestalt: so anmutsvoll, wie wir hören,
dass Najade und Dryade umgehen durch grünende Wälder,
wenn man ähnlichen Schmuck und ähnliche Pracht sich hinzudenkt.
Anders nicht wird entflammt von der Jungfrau Blicke der Thraker,
als wenn in falbene Ähren den Brand einlegt der Wanderer
oder geschobertes Heu und dorrende Sprossen entzündet.
Würdig ist zwar ihr holdes Gesicht, doch ihn selber auch stachelt
angebotene Lust: Denn es glühen unmäßig die Herzen

jenes Bezirks; er entbrannte durch eigene Schuld und des Volkes.
Rasch ist gefasst der Entschluss, zu verführen die Hut der Begleiter
und der redlichen Amme, zugleich zu versuchen die Jungfrau
mit unendlicher Gabe und aufzuwenden sein Erbreich
oder mit Zwang sie zu rauben, bereit zu erbitterter Abwehr.
Nichts ist, was nicht wage, von zügelloser Begierde
tobend, der Mann; kaum fasst die verschlossenen Flammen das Herz noch.
Mühsam schon erträgt er Verzug; zu den Wünschen der Prokne
kehrt er mit gierigem Munde, die eigenen Wünsche betreibend.
Liebe macht ihn beredt, und so oft sein dringendes Fordern
über die Billigkeit geht, so sagt er, Prokne verlange es.
Tränen auch fügt er hinzu, als heischt auch diese der Auftrag.
Oh ihr himmlischen Mächte, wie hüllt die sterblichen Herzen
blinde Nacht! In dem Eifer, da Schandtat brütet der Unhold,
scheint er ein zärtlicher Mann und gewinnt sich Lob aus dem Frevel.

Ja, auch selbst Philomela begehrt es. Um den Nacken des Vaters
schlingt sie kosend die Arme und besuchen zu dürfen die Schwester
fleht sie bei ihrem Heil und gegen ihr Heil, unermüdet.
Tereus schauet sie an und herzet voraus mit dem Anblick.
Sehend die hold umwindenden Arme und das kussliche Mündlein,
fühlt er alles wie Stacheln, wie Feuerbrände und wie Nahrung
rasender Wut; und so oft sie den liebenden Vater umarmet,
wünscht er sich Vater zu sein; auch wäre er nicht weniger Frevler.

Endlich besiegt wird der Vater durch beider Flehen, mit Entzückung
sagt die Tochter ihm Dank. Dass gelungen sie zweien Geschwistern,
denkt die Arme bei sich, was bald Weh bringt den zweien.
Schon war wenig Beschwerde dem Phoibos übrig, und sehnend
stampften die Sonnenrosse die Bahn des gesenkten Olympus.
Fürstlicher Schmaus belastet die Tische, und es blinkt in Golde
bacchischer Wein; dann gibt man dem ruhigen Schlaf die Glieder.
Doch wie einsam er sei, der odrysische König, für jene
wogt sein Herz, und denkend Gesicht und Bewegung und Hände,
bildet er sich, wie er will, die verborgene Schönheit, und selber
nährt er die eigene Glut, da die Sorge abweiset den Schlummer.
Morgen war es. Pandion, die Hand des gehenden Eidams
drückend, empfiehlt ihm also mit Tränenerguss die Gefährtin:

„Diese, mein teuerster Sohn, weil zärtliche Liebe mich nötigt,
und sie beide es verlangen, auch du es verlangest, oh Tereus,
gebe ich dir; und beschwörend bei Redlichkeit und bei Verwandtschaft,
bei den Unsterblichen flehe ich, beschütze als Vater sie liebreich!
Und den holdesten Trost des vielfach leidenden Alters,
bald (doch jeder Verzug wird lang sein!) sende ihn zurück mir!
Du auch, sobald als möglich (genug, dass die Schwester entfernt ist!),
wenn du den Vater noch liebst, komm bald mir zurück, Philomela!"

Während des Auftrags küsste er die trauteste Tochter mit Inbrunst,
und mild rinnende Tränen entrollten unter den Worten.
Darauf, als zum Pfand der Treue er die Hand von beiden gefordert,
fügt er sie fest ineinander und hieß sie Tochter und Enkel
herzlich von sich in der Ferne mit Worten der Innigkeit grüßen.
„Lebe wohl!", kaum lallte er mit schluchzendem Mund den Abschied:
„Lebe wohl!" – und erschrak vor der düsteren Ahnung des Geistes.

Aber sobald einstieg an den farbigen Bord Philomela
und vom Ruder die Woge aufrauschte und die Küste zurückflog:
„Unser ist", ruft er, „der Sieg! Mit fährt die Ersehnte des Herzens!"
So frohlockt der Barbar, und kaum die lüsterne Seele
bändigend, wendet er nie die funkelnden Blicke von jener –
wie wenn Jupiters Vogel, der krummgeklaute Räuber,
nieder den Hasen gesetzt in das Nest des erhabenen Felsens,
nirgends ist Flucht dem Gefangenen, den wild der Eroberer angiert.

Schon war die Reise vollbracht, schon trat aus ermüdeten Barken
jeder an heimisches Land; da Pandions Tochter der König
schleppt zu dem Hirtengehege in die Nacht des alternden Bergwalds.
Dort die Erblassende nun, wie sie bebt und erschrocken umherblickt
und mit Tränen bereits nach der Schwester fragt, verschließt er.
Und, ein Bekenner der Schande an der Jungfrau und die allein war,
übt er Gewalt, nachdem sie umsonst oft jammernd den Vater,
oft die Schwester genannt und zumeist die unsterblichen Götter.
Ach, sie erbebt, wie ein zagendes Lamm, das verwundet des Wolfes
blutigem Rachen entrafft, noch nicht ganz sicher sich scheint;
und wie die Taube, genetzt von eigenem Blut am Gefieder,
immer noch starrt, und die gierigen Klauen, wo sie hafteten, scheut.

Bald, da der Geist ihr kehrte, zerrauft sie das fliegende Haupthaar,
und wie in Todestrauer mit Heftigkeit schlägt sie die Arme,
streckt dann die Hände aufwärts, und: „Ha, Misshandeler!“, ruft sie,
„ha, grausamer Barbar! Den nicht die Empfehlung des Vaters,
samt den zärtlichen Tränen gerührt, noch die Sorge der Schwester,
auch nicht eheliches Bündnis und nicht jungfräuliche Unschuld!
Alles zerrüttetest du! Mitbuhlerin wurde ich der Schwester!
Du zweifacher Gemahl! Nicht solcherlei Strafe verdiente ich!
Nimm auch, damit kein Frevel dir übrig bleibe, Verbrecher,
nimm dies Leben hinweg! Oh, hättest du vor der Entehrung
schon es getan, dann schwebte doch schuldlos nieder mein
Schatten!
Doch wenn die Oberen dies anschauen, wenn Mächte der Götter
etwas noch sind, wenn nicht in das Unding alles mit mir sank,
wann es auch sei, du bezahlst die Buße mir! Selber verkünde ich es,
ohne zu achten der Scham, wie du freveltest! Wenn es vergönnt wird,
trete ich unter das Volk; wenn schließende Wälder mich halten,
fülle ich die Wälder mit Ruf, und kundige Felsen bewege ich!
Höre der Äther die Tat, und wenn dort irgendein Gott ist!“

Also erregt Philomela den Zorn des grausen Tyrannen
und nicht minder die Furcht. Von der doppelten Regung gestachelt,
reißt er hervor aus der Scheide den umgegürteten Säbel;
dann, sie ergreifend am Haar und zurück ihr drehend die Arme,
zwängt er in Bande sie ein. Da reichte den Hals Philomela,
freudig den Tod erwartend vom Streich des gesehenen Schwertes.
Aber indem unwillig des Vaters Namen sie ausruft,
ringt und zu reden sich müht, mit der Zange ihr fasst er und schneidet
ab mit dem Stahl die Zunge. Es zuckt inwendig die Wurzel,
zitternd liegt sie und lallt im dunklen Staub, die Zunge;
und wie getrennt aufhüpft der Schwanz der verstümmelten Natter,
zappelt sie, als ob sterbend der Eignerin Spuren sie suche.
Auch nach der schrecklichen Tat (kaum möchte ich es glauben),
erzählt man,
dass dem zerrissenen Leib er sich oft genaht mit Wollust.

Kalt nun kehrt er zurück, der Missetäter, zu Prokne.
Diese fragt den Gemahl, wo die Schwester bleibe. Doch Tereus
seufzt verstellt und erzählt ein gefabeltes Leichenbegängnis.

Glauben gewann durch Tränen das Wort. Schnell reißt von den Schultern
Prokne die Kleider herab mit breit umfunkelndem Golde,
hüllt den Leib in schwarze Gewande, und ein lediges Grabmal
baut sie und bringt Sühneopfer dem unverstorbenen Geiste;
ach, und betrauert dein Geschick, nicht so zu betrauernde Schwester.

Schon zwölf Zeichen durchlief der leuchtende Gott in dem Jahrkreis.
Was soll tun Philomela? Die Flucht ist durch Wache gesperrt.
Mächtig starrt des Geheges aus Felsen erhöhte Mauer.
Stumm verweigert der Mund ihr der Tat Anzeige; doch sinnreich
ist im Schmerz der Verstand, und Erfindungen lehrt das Elend.
Aufzug spannte die Schlaue herab am barbarischen Webstuhl,
und dem weißen Gespinst durchwebte sie purpurne Zeichen,
rüge des schnöden Verrats. Das Vollendete reichte sie einem,
flehend mit Wink, es zu bringen der Herrscherin. Jener bestellt,
was sie gefleht, an Prokne, sie weiß nicht, was er ihr bringe.
Jetzt entrollt das Gewand des grausamen Königs Gattin,
wo sie die Schrift der Schwester, die jammerwürdige, liest;
und (wie war es doch möglich?) sie schweigt. Schmerz hemmte den Mund ihr;
und es gebrach der Zunge an genug unwilligen Worten.
Nicht auch zu weinen ist Raum; nein, Recht zu verwirren und Unrecht,
stürmt sie einher; und Gedanken der Rachsucht füllen sie gänzlich.
[...]

Durch Bergwaldungen rennt im Gewühl der begleitenden Weiber
fürchterlich Prokne daher, und von Wut des Schmerzes getrieben,
heuchelt sie bacchische Wut. Zu dem einsamen Hirtengehege
kommt sie zuletzt mit Geheul, ruft „Euhoe!“, bricht durch die Pforten,
raubt die Schwester hinweg und umhüllt die Geraubte mit Bacchus’
Feierschmuck, und das Antlitz mit Efeuranken ihr bergend,
führt sie die Staunende fort in die Schwelle der eigenen Wohnung.

So wie gemerkt, sie berühre das grässliche Haus, Philomela,
starrte die Arme vor Grauen, und erblasste im ganzen Gesicht.
Prokne, zum Ort gelangt, nimmt ab den festlichen Anzug
und enthüllt das verschämte Gesicht der bekümmerten Schwester,

bietet dann Kuss und Umarmung. Doch nicht zu erheben ihr Auge
wagt sie dort, die sich selbst Mitbuhlerin dünkt der Schwester.
Niedergesenkt zur Erde den Blick, da zu schwören sie trachtet
und zu bezeugen die Götter, Gewalt sei es, welche mit Schmach sie
zeichnete, war für die Stimme die Hand. Es entbrennt und fasst nicht
Prokne selbst den inneren Zorn; abbrechend der Schwester
weinenden Gram: „Nicht", sprach sie, „ist hier mit Tränen zu handeln,
sondern mit Stahl, und kennst du was, das über den Stahl noch
reicht? Zu jeglichem Gräuel bin ich, oh Schwester, gerüstet,
dem arglistigen Manne Vergelt zu geben der Schandtat!
Winke du, was es auch sei; nichts scheuen wir: Glut und Verstümmlung
oder den grässlichsten Tod!" Indem noch redet die Mutter,
naht ihr Itys, der Sohn, ein Erinnerer, was sie vermöge.
Mit unfreundlichen Augen ihn wild anstarrend: „Wie gleich du,
ha!, wie dem Vater so gleich!" Sie sprach es, und plötzlich verstummend,
sinnt sie auf traurige Tat; ihr wogt in dem Busen der Ingrimm.
Doch als der Sohn näher herankam, als er die Mutter
freundlich grüßte und den Hals mit kleinen Armen herabzog
und zum holden Geschmeichel der Kindlichkeit Küsse gesellte,
stand zwar etwas die Mutter bewegt, und es stockte der Zorn ihr,
feucht auch wurden die Augen von unwillkürlichen Tränen;
aber sobald sie merkte, von Zärtlichkeit wankte ihr betäubtes
Mutterherz, schnell kehrt sie von ihm zu der Schwester das Antlitz;
drauf mit wechselndem Blicke sie beide anschauend: „Warum doch",
sagte sie, „schmeichelt der eine und verstummt die andere sprachlos?
‚Mutter' nennt mich der; was nennt nicht jene mich ‚Schwester'?
Denke doch, welchem Gemahl du dich schleiertest, Tochter Pandions!
Frevel, Entartete, ist es, den Gemahl zu lieben in Tereus!"

Rasch nun schleppte sie den Itys hinweg wie am Ganges der Hündin
saugendes Kind die Tigerin schleppt durch finstere Wälder.
Und da im inneren Raum des erhabenen Hauses sie weilten,
wie er die Hände ausstreckte und schon sein Schicksal erkannte,
schon: „Ach Mütterchen!" ruft mit Geschrei, und den Hals ihr umwindet,
sticht mit dem Schwert ihn Prokne, wo Brust und Seite sich fügen,
ohne zu wenden den Blick. Ihm war zum Tod auch die eine
Wunde genug; doch öffnet die Kehle mit Stahl Philomela.

Siehe, die noch seelvollen und schwach aufatmenden Glieder
werden zerfleischt. Bald hüpft ein Teil im gehöhlten Kessel,
anderes zischt um den Spieß; rings strömen in Blut die Gemächer.

Prokne ruft zu dem Schmaus den nichts argwöhnenden Tereus,
und den Brauch vorschützend des vaterländischen Opfers,
dass ein Mann es vollende, entfernt sie Gefährten und Diener.
Tereus, hoch dasitzend auf stattlichem Throne des Ahnherrn,
schmaust und häuft sich selbst sein eigenes Fleisch in den Magen.
Und so nachtet der Sinn. „Ruft", sagt er, „ruft mir den Itys!"
Nicht zu hehlen vermag die grausamen Freuden die Gattin;
gierig, vom eigenen Wehe zu sein die Verkünderin, sprach sie:
„Drinnen hast ja, was du verlangst!" Um schaut sich Tereus,
fragend, wo jener denn sei. Da der Fragende wieder verlangt,
so wie sie war, bluttriefend vom grässlichen Mord die Haare,
springt hervor Philomela und wirft dem Vater des Itys
blutiges Haupt ins Gesicht; und niemals hätte sie lieber
reden gemocht und die Freude durch würdige Worte bezeugen.
Tereus mit krassem Geschrei, da den schrecklichen Tisch er
zurückstößt,
regt aus dem stygischen Tale die schlangenumringelten Schwestern.
Und bald ringt er, wo möglich, herauszuwürgen des Jammers
Mahl aus geöffneter Kehle und die halbverzehrten Glieder;
bald dann weint er und nennt sich das klägliche Grab des Erzeugten.
Jetzt mit blinkendem Schwert verfolgt er die Töchter Pandions.
Fittiche scheinen den Lauf der kekropischen Weiber zu heben;
Fittiche hoben den Flug. Die flieht in die Wälder; die andere
schwingt sich unter das Dach: Noch unerloschen am Busen
haftet vom Mord die Spur, und Blut befleckt das Gefieder.
Jener, von eigenem Schmerz und Begier der Strafe beschleunigt,
wandelt zum Vogel sich um: Dem ein Busch auf dem Scheitel
emporsteht,
und unmäßig entragt mit langer Spitze der Schnabel.
„Wiedehopf" ist der Name; es erscheint wie gewaffnet das Antlitz.

Cicero: Unheimliche Träume

Er ist neben Caesar der heute wahrscheinlich bekannteste Römer: Marcus Tullius Cicero (106–43 v. Chr.). Schon mit 26 Jahren wurde er als Anwalt bekannt, kurz darauf schwang er sich durch den Prozess gegen den habgierigen Statthalter Verres zum bedeutendsten Redner von Rom auf. Später machte er als Politiker von sich reden, als er 63 v. Chr. als Konsul den von Catilina geplanten Staatsstreich verhinderte. Seine Loyalität zur Republik bezahlte er zwanzig Jahre später mit dem Leben, als er als Sympathisant der Caesar-Attentäter ermordet wurde. Doch nicht nur das: Seine Feinde schnitten ihm den Kopf und die Hände ab und brachten sie aufs Forum Romanum, wo sie für alle Römer sichtbar angenagelt wurden – als abschreckendes Beispiel.

Von Cicero sind zahlreiche Schriften erhalten: Reden, Briefe und philosophische Traktate. Zu Letzteren gehört die theologische Schrift *Über die Weissagung*, ein spätes Werk, das ein Jahr vor seinem Tod erschien. Es ist ein fiktiver Dialog zwischen ihm und seinem Bruder Quintus. Darin geht es um die Frage, ob es Weissagungen und prophetische Träume gibt oder nicht. Die zwei Beispiele, die im folgenden Abschnitt (div. 1.28.56 ff.) erzählt werden, sind Quintus in den Mund gelegt und sollen trotz ihres offenbar anekdotischen Charakters dazu dienen, die Prophetie zu verteidigen. Im zweiten Teil des Werks widerspricht Cicero ihm dann und legt im Einzelnen dar, wieso es so etwas nicht geben könne – natürlich auf fundierte Weise, philosophisch untermauert.

Übersetzt hat den Text der Gothaer Altphilologe und Lehrer Raphael Kühner (1802–1878), der vor allem als Grammatiker in Erscheinung trat. Seine *Ausführliche Grammatik der griechischen Sprache* (1835, seitdem überarbeitet u. a. von Carl Stegmann) wird in der Philologie bis heute verwendet. Kühners Übersetzung von *Über die Weissagung* erschien 1864; neben Cicero übersetzte er auch Werke von Xenophon.

Wie? Jene beiden Träume, die so häufig von den Stoikern erwähnt werden – wer kann sie wohl verachten? Der eine von Simonides: Als dieser den Leichnam irgendeines Unbekannten hatte liegen sehen und ihn bestattet hatte und die Absicht hatte, zu Schiffe zu gehen, da schien es ihm, als ob er von dem, welchen er begraben hatte, gewarnt würde: Wenn er führe, so würde er im Schiffbruch umkommen. Daher sei Simonides zurückgekehrt, die Übrigen aber, die gefahren wären, seien umgekommen.

Der andere besonders berühmte Traum wird folgendermaßen erzählt: Als zwei befreundete Arkadier zusammen eine Reise machten und nach Megara gekommen waren, sei der eine bei einem Gastwirt eingekehrt, der andere bei einem Gastfreund.

Als sie nach dem Abendessen sich zur Ruhe begeben hätten, sei es dem, der bei dem Gastfreund war, um Mitternacht vorgekommen, als ob der andere ihn bäte, ihm zu Hilfe zu kommen, da ihm der Gastwirt mit dem Tod drohe. Anfangs sei er durch den Traum erschrocken und aufgestanden; als er sich dann aber wieder gesammelt und geglaubt habe, diese Erscheinung für bedeutungslos halten zu müssen, habe er sich wieder niedergelegt. Da sei ihm im Schlaf jener wieder erschienen und habe gebeten, er möchte doch, weil er ihm im Leben nicht zu Hilfe gekommen sei, seinen Tod nicht ungerächt hingehen lassen: Er sei ermordet und von dem Wirt aus einem Wagen geworfen und mit Mist überdeckt; er bitte ihn daher, frühmorgens am Tor zu sein, bevor der Wagen aus der Stadt führe.

Durch diesen Traum aber erschüttert, habe er in der Frühe auf den Knecht beim Tor gewartet und ihn gefragt, was er in dem Wagen habe; jener sei erschrocken geflohen und der Tote hervorgezogen worden. Der Wirt aber sei, als die Sache an den Tag gekommen, bestraft worden. Was kann göttlicher als dieser Traum genannt werden?

Diodor: Der Tod des Herkules

Die *Historische Bibliothek* des Diodorus Siculus (verfasst ca. 40 v. Chr.) war ein umfassendes Projekt zur Darstellung der gesamten Geschichte der damals bekannten Welt. Es umfasste 40 Bücher (leider nicht alle erhalten), die sich in drei Teile gliedern lassen: Im ersten Teil beschreibt Diodor die Geschichte und Kultur aller Regionen von Europa über Nordafrika bis Indien; der zweite Teil erzählt die Geschichte der Welt vom Trojanischen Krieg bis zum Tod Alexanders des Großen. Der letzte Teil behandelt die historischen Ereignisse von den Nachfolgern Alexanders zur Zeit Caesars. Beim Verfassen seines Werks bediente sich Diodor zahlreicher, zum Teil heute noch existierender Quellen – daher auch der von ihm selbst gewählte Titel „Bibliothek".

Der nun folgende Abschnitt stammt aus dem ersten Teil des Werks (4.36 ff.), und man sieht gleich, dass er mit Geschichtsschreibung eigentlich gar nichts zu tun hat, sondern ins Reich der Mythologie gehört (genau wie diverse Erzählungen bei Herodot, s. S. 112). Gerade in den ersten Büchern finden sich in Diodors Text zahlreiche Beispiele für eine historisierende Mythendarstellung, von der undefinierten griechischen Vorzeit bis hin zum Trojanischen Krieg und darüber hinaus – die darin geschilderten Vorkommnisse galten vielen zu seiner Zeit immer noch als ganz real. Das grausige Ende des Herakles bzw. Herkules ist dabei ein weiteres Beispiel für die Macht der Hexerei, die im Mythos und in den Erzählungen der Antike fast ausschließlich negative, oft sogar zerstörerische Wirkung hat.

Die Übersetzung hier stammt aus der Feder von Julius Friedrich Wurm (1791–1839) und erschien 1831 in Stuttgart. Wurm war Sohn eines bekannten Astronomen und betätigte sich als Theologieprofessor und als Pfarrer in der Nähe von Böblingen. Neben Diodor übersetzte er auch die *Data* des Mathematikers Euklid ins Deutsche.

Den Kalydoniern leistete Herkules Hilfe im Krieg mit den Thesproten. Er eroberte die Stadt Ephyra mit Sturm und tötete Phyleus, den König der Thesproten. Unter den Gefangenen fiel ihm die Tochter des Phyleus zu; er zeugte mit ihr den Tlepolemos. Drei Jahre nach seiner Vermählung mit Deianeira geschah es, dass er bei Oineus speiste, wo Eurynomus, des Architeles Sohn, aufwartete. Dieser war noch jung und versah etwas beim Aufwarten. Da gab ihm Herkules einen Schlag mit der Faust, der aber so derb war, dass der Knabe daran starb.

Bekümmert über das Unglück, das er unvorsätzlich gestiftet hatte, wanderte Herkules auch aus Kalydon wieder freiwillig aus mit seiner Gattin Deianeira und dem Knaben Hyllos, den sie ihm geboren. Als er auf seiner Reise an den Fluss Oineus kam, fand er da den Kentauren Nessos, welcher die Wanderer um Lohn über den Strom führte. Er setzte zuerst die Deianeira über. Durch ihre Schönheit gereizt, versuchte er, ihr Gewalt anzutun. Sie rief ihren Mann um Hilfe; da schoss Herkules einen Pfeil nach ihm. Die Wunde war tödlich, und sterbend in den Armen der Deianeira versprach ihr Nessos ein Zaubermittel, damit Herkules keinem anderen Weib mehr nahe; sie sollte den Samen, der ihm entfallen, mit Öl vermischen und mit dem von dem Pfeile triefenden Blut und damit das Unterkleid des Herkules bestreichen. Nachdem er der Deianeira dieses Vermächtnis gegeben, verschied er augenblicklich. Sie sammelte nach der Vorschrift des Nessos den Samen in ein Gefäß, tauchte den Pfeil darein und bewahrte es auf, ohne Wissen des Herkules, der unterdessen über den Fluss geschritten war. Er kam zu Keyx, dem König von Trachin, und ließ sich daselbst nieder mit seinen Begleitern aus Arkadien, die ihm überall hin folgten.

Da er hier ein Opfer bringen wollte, so schickte er seinen Diener Lichas nach Trachin zu seiner Gattin Deianeira, mit dem Auftrag, sie um das Unter- und Oberkleid zu bitten, das er gewöhnlich beim Opfern trug. Deianeira erhielt durch Lichas Nachricht von der Liebe des Herkules zu Iole. Um ihn nun zu fesseln, dass er sie mehr als jene lieben müsste, bestrich sie das Unterkleid mit der unheilbringenden Salbe, die sie von dem Zentauren erhalten hatte. Lichas überbrachte, ohne davon etwas zu wissen, das Opfergewand.

Sobald Herkules das bestrichene Kleid anzog, fing die zerstörende Kraft der Salbe an, allmählich sich zu äußern, und er geriet in den schrecklichsten Zustand. Das Schlangengift nämlich, worin der Pfeil getaucht war, der den Nessos getroffen hatte, drang, als das Kleid am Leibe warm wurde, verzehrend in den Körper ein. Von Schmerzen gequält brachte Herkules seinen Diener Lichas um, entließ das Heer und ging nach Trachin zurück. Als seine Leiden immer höher stiegen, schickte er den Likymnios und Iolaos nach Delphi, um den Apoll zu fragen, was gegen die Krankheit anzuwenden sei. Deianeira wurde bei diesen Qualen des Herkules von Verzweiflung ergriffen, und, ihrer Schuld sich bewusst, endigte sie ihr Leben mit dem Strang.

Das Orakel antwortete, man solle Herkules in seiner Waffenrüstung auf den Berg Oita bringen und neben ihm einen großen Scheiterhaufen errichten, für das Übrige werde Zeus sorgen. Diese Weisung befolgte Iolaos mit seinen Gefährten. Dann sahen sie von Ferne zu, was geschehen würde. Herkules, an seiner Rettung verzweifelnd, bestieg den Scheiterhaufen und forderte jeden, der herzukam, auf, Feuer darunterzulegen. Keiner wagte es, dies Begehren zu erfüllen, bis endlich Philoktetes sich dazu entschloss. Zum Dank für diese Bereitwilligkeit schenkte ihm Herkules Bogen und Pfeile.

Sobald der Scheiterhaufen angezündet war, schlugen Blitze vom Himmel darein, und schnell war der ganze Holzstoß verbrannt. Hierauf kam Iolaos mit den anderen, um die Gebeine aufzulesen. Allein, sie fanden kein einziges Gebein. Daher glaubten sie, Herkules sei den Orakeln zufolge aus dem Kreise der Menschen unter die Götter versetzt worden.

Herodot: Der verstoßene Königssohn

Cicero war es, der ihn voller Bewunderung als den „Vater der Geschichtsschreibung" bezeichnete: Herodotos von Halikarnassos (ca. 490–ca. 424 v. Chr.). Dessen ausführliches Geschichtswerk, die *Historien*, schildert in 9 Büchern den Aufstieg Persiens zur Weltmacht und die anschließenden Kriege mit den Griechen. Dabei umfasst es einen Zeitraum von nur etwas mehr als 200 Jahren – schon daran erkannt man, wie detailreich der Autor zu Werke ging.

Herodot, der aus der heutigen Südtürkei stammte, verbrachte viele Jahre damit, für sein Werk zu recherchieren. Durch Gespräche mit Soldaten gelang es ihm beispielsweise, komplizierte Schlachtenmanöver und -strategien nachzuvollziehen und glaubhaft darzustellen. Da er Grieche war, verwundert es kaum, dass er, anstatt objektiv zu sein, hier und da für seine Landsleute Partei ergreift.

Natürlich strotzen die *Historien*, wie fast jede antike Geschichtsdarstellung, trotz allem von Fehlern, gründen teilweise nur auf Hörensagen und Hinzugedichtetem. Besonders schön sieht man das an der im Folgenden dargestellten Episode (hist. 1107 ff.). Viele Details und Motive dieser durchaus als historisch gemeinten Darstellung greifen auf alte mythische Stoffe (u. a. den Ödipus-Mythos) zurück und finden sich noch in Volksmärchen der Neuzeit wie *Schneewittchen* wieder. So ist uns auch das grausige Motiv des Vaters, der unwissentlich den Sohn verspeist, in diesem Buch schon begegnet – nur dass hier die Konstellation ein wenig anders ist.

Die hier verwendete Übersetzung erschien 1925 und stammt vom Schriftsteller und Journalisten Paul Ernst (1866–1933). Ernst wurde vor allem durch diverse Novellen, das Epos *Das Kaiserbuch* und das Schauspiel *Ariadne auf Naxos* bekannt.

Im ersten Jahr der Vermählung seiner Tochter Mandane hatte Astyages einen Traum: Es war ihm, als wenn aus dem Schoß seiner Tochter ein Weinstock wüchse, welcher sich über ganz Asien ausbreitete. Nachdem er auch diesen Traum den Traumdeutern vorgelegt, ließ er seine Tochter, welche der Geburt nahe war, aus Persien zu sich kommen und genau bewachen, indem er das Kind, welches sie gebären würde, aus dem Wege zu räumen beschlossen hatte. Denn die Traumdeuter unter den Magiern verkündeten, dass der Sohn seiner Tochter an seiner Statt die Herrschaft erlangen würde. Dieses suchte Astyages zu verhüten.

Daher ließ er, als Kyros geboren wurde, den Harpagos, einen von seinen vertrauten Bediensteten und den getreuesten unter den Medern, welchem er alles anvertraute, rufen und sagte zu ihm: „Mein Harpagos, das Geschäft, welches ich dir auftrage, verrichte ja nicht saumselig; hintergehe mich nicht; erwähle keinen anderen, damit du nicht künftig selbst dir einen Nachteil zuziehst. Nimm den Knaben, welchen Mandane geboren hat, trage ihn in dein Haus und bringe ihn um; hernach begrabe ihn, wie du willst."

Er antwortete: „Du hast zwar, oh König, an diesem Manne niemals etwas dir Missfälliges wahrgenommen; doch werden wir uns hüten, jemals deine Befehle zu überschreiten. Willst du, dass diese Sache so geschehen soll, so muss ich meinen Dienst sorgfältig dabei erweisen."

Auf diese Antwort empfing Harpagos das Knäbchen in einem Totenkleid und ging weinend nach seinem Haus; er erzählte seiner Gemahlin alles, was Astyages mit ihm gesprochen hatte.

Sie sagte zu ihm: „Was bist du denn willens zu tun?"

„Nicht", antwortete er, „was mir der König befohlen hat; wenn er auch unsinnig werden und noch ärger wüten sollte, als er jetzt wütet, werde ich doch seinem Willen nicht folgen und mich zu dieser Mordtat gebrauchen lassen. Anderer Ursachen, die mich davon abhalten, nicht zu gedenken, ist der Knabe mein Anverwandter, und Astyages ist schon alt und hat keinen männlichen Erben. Kommt nun nach seinem Tod die Regierung an seine Tochter, was habe ich anderes als die größte Gefahr zu erwarten? Um meiner Sicherheit willen muss das Kind sterben; aber es muss einer von des Astyages' Leuten und nicht einer von den meinigen sein Mörder werden."

Nach dieser Unterredung schickte er gleich einen Boten an den Kuhhirten des Astyages, von dem ihm bekannt war, dass er die Hut auf Triften und Bergen habe, welche am meisten mit wilden Tieren angefüllt wären, deswegen er in dieser Sache am besten zu gebrauchen sei.

Sein Name war Mitradates. Er lebte mit einer Weibsperson, die neben ihm diente, als mit einer Ehefrau; sie hieß nach der griechischen Sprache Kyno, das heißt „Hündin", nach der medischen „Spako", denn einen Hund nennen die Meder „Spaka". Der Fuß des Gebirges aber, wo dieser Hirte das Rindvieh hütete, ist auf der Mitternachtsseite von Ekbatana und gegen das Schwarze Meer zu. Denn auf dieser Seite ist Medien, gegen die Sappierer zu, sehr gebirgig und hoch und mit Wäldern bedeckt, das andere medische Land aber ganz eben.

Als der Kuhhirte dem Befehl gemäß unverzüglich ankam, sagte Harpagos zu ihm: „Astyages befiehlt dir, dieses Kind zu nehmen und es auf den einsamsten Berg zu bringen, dass es daselbst auf das Geschwindeste umkomme. Er hat mir zugleich befohlen, dir zu sagen, wenn du es nicht umbringen, sondern auf einige Weise erhalten würdest, so wolle er dich des ärgsten Todes sterben lassen. Mir ist anbefohlen, das weggelegte Kind zu sehen."

Nach angehörtem Befehle nahm der Hirte das Kind, ging seinen Weg zurück und kam in seiner Hütte an. Die Frau, welche den ganzen Tag an der Geburt gearbeitet hatte, war eben zu gutem Glück entbunden, als der Hirte in die Stadt gegangen war. Sie waren beide füreinander in Sorgen: Er bekümmerte sich wegen der Geburt der Frau; die Frau aber, weil Harpagos wider Gewohnheit ihren Mann hatte rufen lassen. Als er aber zurück- und zu ihr kam und sie ihn unverhofft sah, fragte sie ihn zuerst, warum ihn Harpagos so schleunig habe kommen lassen.

Er sagte: „Liebe Frau, als ich in die Stadt kam, sah und hörte ich, was ich lieber nicht möchte gesehen haben, und wünschte, dass es unserem Herrn nicht widerfahren möchte. Das ganze Haus des Harpagos erschallte von Heulen und Schreien; ich wurde bestürzt und ging hinein. Sobald ich hineingekommen, sehe ich ein Knäbchen liegen, welches zappelt und schreit und mit Gold und einem bunten Kleid geschmückt ist. Als mich Harpagos sah, befahl er mir, das Kind unverzüglich zu nehmen, wegzutragen und es auf einen Berg wegzulegen, der wegen der wilden Tiere am unsichersten wäre; er sagte dabei, Astyages trage mir dieses auf und drohe mir alles Unglück, wenn ich den Befehl nicht vollzöge. Ich nahm das Kind, trug es fort in der Meinung, es gehöre einem von den Hausgenossen; niemals hätte ich gedacht, dass es von solchem Geschlechte sei. Ich erstaunte aber, da ich sah, dass es mit Gold und Kleidern geschmückt sei, und ich überdies das

Geheule in dem Haus des Harpagos wahrnahm. Unterwegs erfahre ich die ganze Sache von einem Diener, welcher mich aus der Stadt begleitete und mir das Kind in die Hand gegeben hatte; dass nämlich das Kind ein Sohn der Mandane, der Tochter des Astyages, und des Kambyses sei, und dass Astyages befohlen habe, dasselbe umzubringen. Siehe hier ist es."

Wie er dieses sagte, deckte er das Kind auf und zeigte es. Als sie das Kind sah, welches groß und schön war, weinte sie, umfasste die Knie ihres Mannes und bat inständig, das Kind durchaus nicht auszusetzen. Er sagte, es stehe nicht bei ihm, anders zu handeln, denn es würden Kundschafter aus des Harpagos Haus kommen und darauf lauern; er würde aber schmählich sterben, wenn er den Befehl nicht vollzöge.

Wie sie nun den Mann nicht bewegen konnte, tat sie zum anderen diese Vorstellung: „Wenn ich dich nicht bewegen kann, ihn nicht wegzusetzen, und notwendig ist, dass man sehe, er sei ausgesetzt worden, so will ich dir diesen Vorschlag tun. Ich habe auch ein Kind geboren, aber ein totes Kind; dieses trage fort und setze es weg. Das Kind aber von der Tochter des Astyages wollen wir als unser eigenes erziehen. So wird man dich nicht ertappen, dass du deinen Herrn hintergangen, und wir werden uns selbst nicht übel raten. Denn das tote Kind wird ein königliches Begräbnis erlangen, und das erhaltene wird sein Leben nicht verlieren."

Dem Hirten schien die Frau recht wohl nach den Umständen zu reden, und er tat gleich, was sie für gut befand. Den Knaben, welchen er gebracht hatte, ihn zu töten, übergibt er seiner Frau; seinen toten aber legte er in das Gefäß, in welchem er den anderen gebracht halte. Er legte ihm den ganzen Schmuck des anderen an, trug ihn auf den einsamsten Berg und legte ihn daselbst hin.

Den dritten Tag aber nach der Aussetzung des Kindes ging der Hirte in die Stadt, ließ aber einen seiner Hirtenknechte zum Wächter desselben zurück. Er kam in des Harpagos Haus und sagte, dass er bereit sei, den toten Leib des Kindes zu zeigen, Harpagos schickte die getreusten von seinen Trabanten, ließ durch dieselben zusehen und des Hirten Kind begraben. Dieses wurde begraben, das andere aber, welches nach diesem Kyros genannt worden war, nahm das Weib des Hirten, zog es auf und gab ihm einen ganz anderen Namen als den Namen Kyros.

Als der Knabe zehn Jahre alt war, machte ihn folgende Begebenheit bekannt. Er spielte in dem Dorfe, wo die Herden standen; er spielte mit anderen seines Alters auf dem Wege, und die spielenden Knaben erwählten zu ihrem König eben diesen, welcher dem Namen nach des Hirten Sohn war. Er verordnete, dass einige unter denselben Häuser bauen, andere aber Trabanten sein sollten. Einer musste das Auge des Königs sein; einem anderen aber gab er das Amt, Bericht von allem abzustatten, und trug also einem jeden ein Geschäft auf. Einer aber von den mitspielenden Knaben, welcher ein Sohn des Artembares, eines angesehenen Webers, war, tat nicht, was ihm von dem Kyros auferlegt war; daher befahl dieser den Knaben, ihn zu greifen. Da ihm die Knaben gehorchten, strich ihn Kyros sehr hart mit der Peitsche. Sobald als er losgelassen war, zeigte er einen großen Unwillen über dieses Verfahren, welches ihm sehr unanständig wäre. Er kam in die Stadt und beklagte sich bei seinem Vater mit Schmerzen über das, was ihm von dem Kyros widerfahren sei. Er nannte ihn aber nicht Kyros (denn diesen Namen hatte er noch nicht), sondern des Hirten des Astyages Sohn. Artembares ging in vollem Zorne zu dem Astyages, führte den Sohn mit sich und sagte, man sei feindselig mit ihm umgegangen. „So werden wir“, sprach er, „oh König, von deinem Knechte, dem Sohne des Hirten, misshandelt.“ Dabei er ihm denn die Schultern seines Sohnes zeigte.

Als Astyages dieses gehört und gesehen, wollte er den Knaben, um der Ehre des Artembares willen, strafen und ließ deswegen den Hirten und den Knaben zu sich rufen.

Nachdem sie beide angekommen, sah Astyages den Kyros an und sagte: „Hast du dich als der Sohn eines solchen Mannes unterstanden, mit dem Sohne eines Mannes, der bei mir in dem höchsten Ansehen steht, so unbillig und hart umzugehen?“

Er versetzte: „Ja, Herr, das habe ich mit Recht getan. Denn die Knaben aus dem Dorfe, unter welchen auch dieser war, machten mich im Spiel zu ihrem König; denn ich schien ihnen hierzu am geschicktesten zu sein. Die anderen Knaben vollzogen meine Verordnungen; dieser aber war ungehorsam und kehrte sich nicht an mich, deswegen empfing er sein Recht. Bin ich nun darum einiger Strafe wert, so bin ich hier bereit dazu.“

Als der Knabe dieses sagte, meinte ihn Astyages zu kennen: Es kam ihm vor, als wenn er ihm in der Gesichtsbildung ähnlich wäre, seine Gebärden und Stellung schienen ihm zu freimütig zu sein, die Zeit der Aussetzung aber mit dem Alter des Knaben übereinzustimmen. Er wurde darüber bestürzt und schwieg eine Zeitlang stille.

Da er sich kaum wieder etwas gefasst hatte, sagte er (weil er den Artembares forthaben wollte, damit er den Hirten allein ausforschen könnte): „Artembares, ich will schon machen, dass dein Sohn nicht weiter zu klagen haben soll."

Den Artembares ließ er also von sich, den Kyros aber führten die Diener auf Befehl des Astyages hinein. Den Hirten, welcher ganz allein zurückgeblieben, fragte Astyages, wo er den Knaben bekommen und wer ihm denselben gegeben hätte. Er gibt zur Antwort, er sei von ihm gezeugt, und die ihn geboren, sei noch bei ihm.

Astyages aber sagt, er rate sich nicht wohl und habe Lust, sich in große Not zu stürzen. Zugleich gibt er den Trabanten ein Zeichen, ihn zu greifen.

Wie er sich nun in Gefahr sieht, entdeckt er die wahre Beschaffenheit der Sache. Er erzählt sie vom Anfang bis zum Ende nach der Wahrheit und bittet demütig um Vergebung. Nachdem der Hirte die Wahrheit entdeckt hatte, machte Astyages um seinetwillen nicht viel Wesens mehr. Aber mit dem Harpagos war er sehr unzufrieden und ließ ihn durch die Trabanten rufen.

Als er kam, fragte ihn Astyages: „Auf was für Weise hast du, Harpagos, das Kind, welches meine Tochter zur Welt brachte, und das ich dir übergab, hingerichtet?"

Weil Harpagos sieht, dass der Hirt zugegen ist, sucht er sich nicht mit einer Unwahrheit zu behelfen, damit er nicht gefangen und derselben überführt werde; sondern er erteilt diese Antwort: „Mein König, nachdem ich das Knäbchen empfangen hatte, ging ich mit mir zu Rate, wie ich deinem Sinn gemäß handeln und bei dir ohne Schuld sein und mich weder an dir, noch deiner Tochter vergehen möchte. Ich fing es so an: ich lasse diesen Hirten kommen und übergebe ihm das Kind mit dem Vorgeben, es sei dein Befehl, dasselbe umzubringen. Ich log mit diesen Worten nicht, denn du hattest es befohlen. Ich übergebe es ihm also auf diese Weise und befehle ihm, es auf einen unbewohnten Berg zu setzen und so lange dabei zu bleiben und achtzuhaben, bis es gestorben sei. Ich bedrohte ihn dabei mit der härtesten Strafe, wenn er nicht dieses alles genau vollstreckte. Als nun dieser alles, wie es ihm befohlen worden, getan und das Kind gestorben war, schickte ich die getreuesten Beschnittenen, ließ durch dieselben zusehen und das Kind begraben. So ist es, oh König, mit der Sache ergangen, und das ist die Todesart des Kindes."

Harpagos ließ dabei seinen Unwillen deutlich merken. Astyages aber verbarg den Zorn, welchen er dieser Sache wegen gegen ihn hegte, und erzählte die Sache, wie er sie von dem Hirten gehört hatte, dem Harpagos. Nach dieser wiederholten Erzählung ging er so weit, dass er sagte, der Knabe sei noch am Leben, und es sei gut, dass die Sache so gegangen sei.

„Denn“, sprach er, „ich bekümmerte mich sehr über das, was dem Knaben widerfahren, und es war mir empfindlich, dass ich bei meiner Tochter deswegen im Verdacht stand. Da sich nun das Spiel so glücklich umgekehrt hat, so schicke mir fürs Erste deinen Sohn zu diesem neuen Ankömmling, fürs andere, weil ich für die Erhaltung des Prinzen den Göttern, welchen diese Ehre gebührt, ein Dankopfer bringen will, so stelle dich bei mir zu der Mahlzeit ein.“

Harpagos warf sich zu den Füßen des Königs nieder und schätzte sich sehr glücklich, dass sein Verbrechen als ein Wohlverhalten angerechnet und er wegen des glücklichen Ausganges zu der Mahlzeit eingeladen würde. In diesen vergnügten Gedanken ging er nach Hause und schickte unverzüglich seinen einzigen Sohn, welcher höchstens dreizehn Jahre alt war, fort mit dem Befehl, nach dem königlichen Schlosse zu gehen und alles zu tun, was ihm Astyages befehlen werde. Er selbst erzählte voller Freuden seiner Gemahlin, was ihm begegnet sei.

Als aber der Sohn zu dem Astyages kam, schlachtete er denselben, zerlegte ihn gliederweise und ließ das Fleisch zum Teil braten, zum Teil kochen und hielt es wohlzugerichtet zum Essen bereit. Zu der Zeit des Abendmahls fand sich nebst anderen Gästen auch Harpagos ein. Den anderen Gästen und dem Astyages selbst wurde ein Tisch voll Hammelfleisch vorgesetzt, dem Harpagos aber alles von seinem Sohn – den Kopf, die Hände und die Füße ausgenommen. Diese waren besonders in einen Korb gelegt und zugedeckt.

Als nun Harpagos von der Speise satt zu sein schien, fragte ihn Astyages, ob ihm die Mahlzeit wohl geschmeckt habe; und nach der Versicherung, sie habe ihm sehr wohl geschmeckt, brachten die, welchen es anbefohlen war, den bedeckten Kopf und die Hände und Füße des Knaben; sie traten zu dem Harpagos und befahlen ihm aufzudecken und zu nehmen, was ihm beliebte, Harpagos gehorcht, deckt auf und sieht den Überrest seines Sohnes.

Bei diesem Anblick wurde er nicht bestürzt und blieb bei sich selbst. Astyages aber fragte ihn, ob er wüsste, von welchem Wildbret er gegessen habe. Er sagte, ja, und es sei ihm alles, was der König tue, angenehm.

Nach dieser Antwort nahm er auch das übrige Fleisch und ging nach Hause, wo er dasselbe, wie ich dafürhalte, zusammen begraben wollte.

Apuleius: Die Leichenfresser

Bei der folgenden grausamen Erzählung begegnen uns zu guter Letzt nun doch noch einmal die Hexen; gleichwohl passt sie auch in diese Rubrik des Bandes. Und es schließt sich ein weiterer Kreis, denn die Geschichte stammt noch einmal aus dem *Goldenen Esel* von Apuleius (s. S. 13). Man erfährt darin interessante Details über die Begräbnisriten der Antike. Zudem ist die Episode besonders geschickt erzählt – wenn man schon glaubt, es sei alles noch einmal gutgegangen, wartet die Erzählung mit einer besonders makabren Pointe auf.

Mehrmals in diesem Band haben die Autoren in ihren Texten auf Thessalien hingewiesen. Diese Region nördlich der Peloponnes war so etwas wie das Transsylvanien der Antike: Das gesamte Altertum hindurch war der Landstrich berühmt-berüchtigt für alles, was mit Zauberei, bösen Geistern und schwarzer Magie zu tun hatte – so sehr, dass es einen eigentlich wundert, dass dort überhaupt jemand wohnen blieb. In dieser Episode (met. 2.21 ff.) wird der Protagonist sogar eigens von den Thessaliern gewarnt, dass in ihrem Land Hexen umgehen, die den Toten, wenn sie noch nicht begraben sind, übel mitspielen.

Apuleius (dessen Vorname übrigens nicht überliefert ist) wurde selbst einmal, um 159 n. Chr. herum, wegen Zauberei angeklagt: Er hatte die ältere reiche Witwe Aemilia Pudentilla geheiratet, und deren Schwager brachte Apuleius vor Gericht – er habe die Eheschließung nur durch Magie bewerkstelligt. Das kann man seiner Verteidigungsrede entnehmen, die unter dem Titel *Über die Magie* überliefert ist. Glücklicherweise wurde er freigesprochen. Es ist sicher, dass die Menschen noch zu Apuleius' Zeit an schwarze Magie glaubten; es hat aber den Anschein, als sei zu dieser Zeit immerhin niemand mehr verurteilt worden, den man deswegen vor Gericht zerrte. Der Text folgt wieder August Rode.

Als ich noch minderjährig war, tat ich von Milet eine Reise zu den Olympischen Spielen, und da ich auch gerne die merkwürdigsten Plätze dieser hochberühmten Provinz in Augenschein nehmen wollte, so durchzog ich Thessalien kreuz und quer, bis ich endlich, von meinem bösen Schicksal geleitet, nach Larissa kam.

Mein Reisegeld war dünn geworden, und um Mittel zu finden, die Schwindsucht meines Beutels zu heilen, rannte ich lange überall herum, bis ich mitten auf dem Markt einen langen alten Mann wahrnahm, der auf einem Stein stand und mit lauter Stimme ausrief: „Wer einen Toten zu bewachen Lust hat, der melde sich und fordere, was er dafür haben will!"

„Was höre ich da?", sage ich zu einem Vorbeigehenden, „pflegen denn hier die Toten davonzulaufen?"

„Spottet nicht!" antwortete dieser, „Ihr seid noch zu jung und unerfahren. Ihr würdet sonst wohl wissen, dass mitten in Thessalien, wo Ihr Euch jetzt befindet, es gar nichts Seltenes ist, dass alte Hexen den Toten das Gesicht abfressen, weil sie davon allerhand als Ingredienzien zu ihren Schwarzkünsteleien brauchen."

„Und könnt Ihr mir nicht sagen", erwidere ich, „worin eigentlich diese Leichenwache besteht?"

„Vor allen Dingen", versetzt er, „kommt es darauf an, dass man die ganze geschlagene Nacht hindurch wirklich wacht. Nicht blinken darf man, geschweige denn ein Auge zutun. Die Blicke müssen beständig auf den Leichnam geheftet sein und nie davon abgewendet werden. Verdreht man nur das Schwarze im Auge, gleich hat sich ein Alräunchen herbeigeschlichen! Denn sie wissen so gut die Gestalt von allerhand Tieren anzunehmen, dass sie darunter den Augen der Sonne und der Gerechtigkeit selbst entgehen könnten. Bald sind sie Vögel, bald Hunde, dann einmal wieder Mäuse, ja wohl gar Fliegen. Auch schläfern sie die Wächter durch gewisse Beschwörungsworte ein. Kurz, es lässt sich nicht alles sagen, was sie für Mittel und Wege anwenden, zu ihrem Endzweck zu gelangen!

Bei alledem wird für dieses saure und gefährliche Geschäft niemals mehr als vier bis sechs Dukaten gegeben. Ach, und was ich bald vergessen hätte: Kann der Wächter anderen Morgens die Leiche nicht unversehrt wieder abliefern, so ist er gehalten, alles dasjenige, was derselben abgebissen oder -gerissen worden ist, aus seinem eigenen Gesicht sich schneiden zu lassen, um den Schaden damit wieder gutzumachen."

Als ich dies gehört, ermanne ich mich alsbald und gehe an den Ausrufer heran. „Hört nur auf zu schreien, guter Freund“, spreche ich, „hier ist schon ein Wächter! Wie viel wollt Ihr mir geben?“

„Tausend Münzen“, sagt er, „sollen für Euch zur Belohnung deponiert werden. Nur müsst Ihr auch die Leiche auf das Allersorgfältigste vor den bösen Harpyien bewachen; es ist der Sohn eines der Vornehmsten dieser Stadt!“

„Alles nur Kleinigkeit, ein wahrer Spaß für mich!“ antwortete ich. „Denn Ihr müsst wissen, ich bin wie von Stahl und Eisen und kenne gar den Schlaf nicht, wenigstens bin ich ganz Auge, ein echter Lynkeus, ein Argus.“

Kaum dass ich ausgeredet, so nimmt er mich unverzüglich mit sich zu einem Haus, dessen Eingang versperrt war. Er lässt mich durch eine kleine Hintertür hinein und führt mich in ein düsteres Zimmer mit verhangenen Fenstern, wo eine Dame in Trauer saß und weinte.

Er trat zu ihr und sagte: „Hier bringe ich Ihnen jemand, Madame, der sich anheischig gemacht hat, Ihren Gemahl wohl zu bewachen.“

Die Dame strich die Haare zurück, die von beiden Seiten über ein Gesicht hingen, das selbst in der Betrübnis entzückend schön war, sah mich an und sprach: „O, lieber Freund, ich bitte Euch, tut es auch ja mit aller Sorgfalt!“

„Seien Sie unbesorgt, Madame“, gab ich zur Antwort, „und halten Sie mir nur ein gutes Trinkgeld parat!“

Das versprach sie mir, stand darauf schleunig auf und brachte mich in ein anderes Zimmer. Da war die Leiche, in schneeweiße Leinenlaken eingeschlagen. Nachdem sieben Zeugen herbeigeholt sind, schlägt die Dame die Tücher auseinander, weint eine Weile über dem Toten und ruft endlich die Anwesenden zu Zeugen an, dass der Körper durchaus unversehrt sei. Sie zeigte, indem sie das tat, pünktlich ein Glied nach dem anderen an, und ein Notar protokollierte es auf der Stelle.

„Sehen Sie, meine Herren“, sprach sie, „dass nichts der Nase fehlt, den Augen nichts, dass die Ohren unversehrt sind, die Lippen unbeschädigt, dass das Kinn ganz ist? Seien Sie hiervon meine Zeugen!“

Hierauf wurde das Protokoll unterzeichnet, und die Dame ging hinweg.

„Nun, Madame“, rief ich ihr nach, „seien Sie nur so gut, und lassen mir alles geben, was ich brauche!“

„Und was ist das?“ fragt sie.

„Eine große Lampe", sagte ich, „mit ausreichendem Öl, sie, bis es wieder hell wird, brennend zu erhalten, eine Flasche Wein nebst einem Glas und ein Tellerchen Brosamen von Ihrer Tafel."

„Geht", sprach sie und schüttelte den Kopf. „Ihr seid nicht gescheit: Wie könnt Ihr Überbleibsel von Mahlzeiten in einem Trauerhause suchen, worin seit so vielen Tagen kein Rauch gesehen worden ist? Denkt Ihr etwa, Ihr seid zum Schmaus hierhergebeten? Lasst Euch das nicht einfallen, und setzt Euch lieber hin und weint und wehklagt, wie es sich an einem solchen Orte geziemt!"

Hiermit wendete sie sich zu ihrem Mädchen und sagte: „Myrrhina, gib ihm gleich eine Lampe und Öl!"

Als dies geschehen, ging sie samt den anderen aus dem Zimmer, und ich wurde eingeschlossen.

Also allein zum Schutze der Leiche gelassen, reibe ich mir die Augen aus, und nachdem ich sie genugsam zum Wachen gerüstet, fange ich mir eins zu singen an, um mich vor Furcht zu verwahren. Darüber wird es dämmerig, finster, Nacht und tiefer und tiefer Nacht. Je später hin, je grausiger.

Mit einmal, siehe, da kommt ein Wiesel herbeigekrochen, setzt sich mir gerade gegenüber und guckt mir so starr ins Gesicht, dass ich über die Keckheit eines so winzigen Tierchens um ein Haar gänzlich die Fassung verloren hätte.

Doch rufe ich ihm endlich zu: „Willst du wohl fort, du garstige Bestie! Willst du bald zu deinesgleichen, oder es soll dir übel ergehen! Willst du fort!"

Damit das Wiesel wie der Blitz um und zur Stube hinaus.

Aber auch nicht einen Augenblick darauf befällt mich ein so tiefer Schlaf, dass der delphische Gott selbst nicht hätte unterscheiden mögen, wer, von der Leiche und mir, dem Scheine nach am meisten tot sei. Ganz sinnlos liegend und selbst eines Wächters bedürftig, war es so gut, als wäre ich nicht da.

Eben störten die munteren Hähne mit ihrem kreischenden Geschrei die tiefe Stille der Nacht, als ich wieder erwachte.

Äußerst erschrocken, raffe ich mich auf, springe nach der Leiche hin, decke sie auf, beleuchte sie und wollte eben untersuchen, ob auch noch alles daran sei, was mir überliefert worden, als auch die betrübte Witwe mit den gestrigen Zeugen ängstlich zur Tür hereintritt, über den Körper hinfällt, oft und lange ihn küsst und beim Scheine der Lampe Musterung seiner Gliedmaßen hält.

Bald, so wendet sie sich um, ruft ihren Haushofmeister Philodespotos und befiehlt ihm, mir für die wohlgehaltene Wacht den ausgemachten Lohn nicht länger vorzuenthalten.

Er wurde mir auf der Stelle ausgezahlt, und sie setzte hinzu: „Ich danke Euch höchlichst, junger Mensch! Ihr habt mir mit Eifer gedient, und beim Herkules, ich werde Euch beständig dafür unter meine Freunde zählen!“

Von Freuden über einen so unerwarteten ansehnlichen Verdienst berauscht und mit schmachtendem Entzücken meine blanken Dukaten in der Hand von allen Seiten betrachtend, erwiderte ich: „Zählen Sie mich lieber unter Ihre treuen Diener, Madame, und befehlen Sie, so oft Sie meine Dienste wieder brauchen.“

Kaum habe ich das gesagt, so spucken alle Hausgenossen über die böse Vorbedeutung aus und fallen stracks alle, jeglicher nach seiner Weise bewaffnet, über mich her. Der eine ohrfeigt mich brav mit den Händen ab, der andere zerbläut mir die Schultern mit dem Ellbogen, ein dritter versetzt mir mit geballten Fäusten derbe Rippenstöße. Man tritt mich mit Füßen, rauft mich bei den Haaren, zerreißt mir die Kleidung, misshandelt, zerfleischt mich nicht minder denn den schönen Adonis oder den Sohn der pimpleïschen Muse und wirft mich zur Tür hinaus.

Derweil ich mich in einer Nebengasse von dieser unsanften Behandlung wieder zu erholen suchte und meine unselige Rede leider nur ein wenig zu spät bedachte, auch mir selbst eingestand, dass ich von Rechts wegen wohl noch mehr Prügel dafür verdient hätte, derweilen war der Tote schon zum letzten Male zu Hause beweint und gerufen worden, und langsam und mit großem Pomp, wie es bei Vornehmen nach Landes Brauch und Sitte zu geschehen pflegt, kam der Leichenzug über den Markt daher.

Zugleich lief ein alter Mann, der unter lautem Jammer sein ehrwürdiges Haar zerriss, aus Leibeskräften seitwärts hinzu, fasste die Bahre mit beiden Händen an und rief mit zwar starker, doch von Schluchzen unterbrochener Stimme: „Hilfe, Ihr Larissaier! Ich beschwöre euch bei eurem Bürgereid, bei eurer Liebe fürs Vaterland! Hilfe! Nehmt euch dieses ermordeten Mitbürgers an, und rächt nach der Strenge die allerschändlichste Tat an diesem abscheulichen Weib! Denn sie, sie und kein anderer Mensch in der Welt, hat diesen Unglücklichen, der mein Schwestersohn ist, aus Liebe zu einem Buhlen und aus Lüsternheit nach seiner reichen Verlassenschaft mit Gift vergeben.“

So der Greis, wimmernd und weinend.

Das Volk nahm Anteil an seinem Leid. Die Wahrscheinlichkeit des Vorwurfs machte es leichtgläubig gegen die Tat. Es wurde wütend, rief nach Feuer, suchte Steine und hetzte die Jungen an, die Dame zu vertilgen. Mit erlogenen Tränen aber schwur diese hoch und teuer bei allen Gottheiten, dergleichen Schandtat sei ihr nie in den Sinn gekommen.

„So lassen wir“, sprach der Greis wieder, „die Entscheidung der Wahrheit auf die göttliche Vorsehung ankommen! Hier ist Zachlas, ein vornehmer ägyptischer Prophet. Ich habe für ein Ansehnliches von ihm erhalten, dass er mir den Geist des Verstorbenen aus der Hölle zurückrufe und diesen Körper auf einen Augenblick wiederbelebe.“

Mit den Worten führt er einen Jüngling herbei, in Leinen gekleidet, Palmenschuhe an und das Haupt über und über geschoren.

Er küsste ihm lange die Hände, umfasste selbst seine Knie und sprach zu ihm: „Erbarme dich, heiliger Priester, erbarme dich! Bei den ewigen Sternen des Himmels, bei den Gottheiten der Unterwelt, bei dem Urstoff des ganzen Alls, bei dem nächtlichen Schweigen, bei Koptos' Heiligtum, bei des Nils Anwachs, bei den memphitischen Geheimnissen und bei den pharischen Sistren flehe ich zu dir: Verleihe diesem Leichnam nur einen kurzen Genuss der Sonne! Gieße nur ein geringes Licht den ewig verschlossenen Augen wieder ein! Nicht, dass wir den Gesetzen der Natur widerstrebten noch der Erde ihr Eigentum verweigerten: Nein, nur um des Trostes der Rache willen erbitten wir von dir diesen Augenblick Lebens.“

Durch diese Anrufung günstig gemacht, legte der Prophet dreimal ein gewisses Kraut dem Toten auf den Mund und ein anderes auf die Brust. Darauf kehrte er sich gen Aufgang und richtete ein Gebet an die Sonne, zwar nur stillschweigend, aber mit so vieler Feierlichkeit und Andacht, dass er allen Anwesenden die tiefste Ehrfurcht einflößte und eines jedweden Geist vollkommen zur Erwartung des großen Wunders vorbereitete.

Sofort mischte ich mich unter die Menge, stellte mich dicht hinter der Bahre auf einen etwas erhabenen Stein und sah da mit neugierigen Augen dem ganzen Unwesen zu.

Alsbald begann die Brust des Toten, sich zu heben; es schlägt die Pulsader. Belebt ist die Leiche!

Sie richtete sich auf und sprach: „Warum rufst du mich, bitte, zu einem augenblicklichen Leben zurück? Geleert war der lethäische

Becher, schon schwamm ich auf dem stygischen Pfuhl. Lass mich, ich flehe, lass mich, und störe mich in meiner Ruhe nicht!"

Jedermann hörte ganz deutlich diese Worte.

In großem Zorn antwortete der Prophet: „Sage unverzüglich dem Volke an, wie es mit deinem Tod zugegangen ist, und bringe dies Geheimnis ans Licht, oder du sollst erfahren, dass selbst die Plagegöttinnen meine Beschwörungen hören und ich nach Belieben deine müden Glieder martern kann."

Da sagte der Auferweckte von der Bahre herab mit einem tiefen Seufzer zum Volke: „Durch die Schandtat meiner vor kurzem genommenen Frau bin ich ums Leben gekommen. Sie hat mir Gift in den Trunk getan, damit ich mein Hochzeitbett noch ganz warm einem Ehebrecher einräumte."

Hierauf raffte sich das saubere Weibsbild zusammen, trat ihrem Manne frech unter die Augen und hieß ihn mit der gottlosesten Dreistigkeit lügen und zankte sich tapfer mit ihm herum.

Das Volk tobt, ist geteilt.

„Einen solchen Ausbund von Weibern muss man gleich mit dem Manne lebendig begraben", rufen die einen.

„Die Aussage eines Toten verdient keinen Glauben", die anderen.

Allein, alles kam aufs Reine durch folgende Rede der Leiche: „Ich will", hub sie an, abermals tief seufzend, „ich will euch sonnenklare Beweise geben, dass ich nichts als die lautere Wahrheit rede. Hört, was niemand sonst weiß als ich."

Hiermit zeigt sie mit dem Finger auf mich und fährt also fort: „Diese Nacht, als dieser, mein treuer Hüter in seinem besten Wachen war, kamen alte Hexen und trachteten meinem Körper nach. Allein, nachdem sie sich öfters in allerlei Gestalten verwandelt und doch seine genaue Achtsamkeit in nichts täuschen können, so warfen sie endlich einen Schlummernebel um ihn, vergruben ihn in den allertiefsten Schlaf und hörten dann nicht auf, mich bei Namen zu rufen, bis endlich meine kalten, erstarrten Glieder langsam und träge sich anschickten, der Magie zu gehorchen. Doch vor mir war auf das Gerufe dieser hier, der einerlei Namen mit mir führt, im Schlafe schon aufgestanden und wie ein Toter zur Tür gegangen. Allda schneiden ihm die Hexen durch das Schlüsselloch Nase und Ohren an meiner statt ab und setzen ihm zur Verhehlung des Betrugs dergleichen aufs Ähnlichste aus Wachs verfertigt ganz genau wieder an. Er kann es selbst bezeugen. Betrachtet ihn nur, da steht er, der Unglückliche, mit dem Geld in der

Hand, das er minder der Wacht als seiner Verstümmelung wegen verdient hat.“

Betroffen über die Neuigkeit, fuhr ich gleich, die Wahrheit zu untersuchen, mit der Hand zur Nase; sie blieb darin, ich fasste an die Ohren, sie fielen ab. Ich war wie mit kaltem Schweiß begossen.

Da hätte man das Fingerzeigen, das Gegucke, das Gelache sehen sollen!

Allein, wie der Blitz bückte ich mich und verschwand unter der Menge.

Und von der Zeit an habe ich mich zu Hause nicht wieder blicken lassen; denn ich war auf eine zu lächerliche Art entstellt. Ich habe die Haare auf beiden Seiten über die Schultern herunterhängen lassen und auf die Art den Mangel der Ohren verhehlt. Der fehlenden Nase Übelstand aber habe ich bestmöglich durch dies säuberlich aufgeklebte Pflaster zu maskieren gesucht.

Literatur

Michael von Albrecht: *Geschichte der römischen Literatur*, Berlin: de Gruyter ^{3}2012.

Hans Richard Brittnacher: *Ästhetik des Horrors. Gespenster, Vampire, Monster, Teufel und künstliche Menschen in der phantastischen Literatur*, Frankfurt/Main: Suhrkamp 1994.

Kai Brodersen und Bernhard Zimmermann (Hrsgg.): *Antike Mythologie*, Stuttgart: Metzler 2005.

Karl Büchner: *Römische Literaturgeschichte. Ihre Grundzüge in interpretierender Darstellung*, Stuttgart: Kröner ^{6}1994.

John Cherry (Hrsg.): *Fabeltiere. Von Drachen, Einhörnern und anderen mythischen Wesen*, Stuttgart: Reclam 2009.

Thorsten Fögen und Mireille M. Lee (Hrsgg.): *Bodies and Boundaries in Graeco-Roman Antiquity*, Berlin: de Gruyter 2009.

Harald Gebhardt und Mario Ludwig: *Von Drachen, Yetis und Vampiren. Fabeltieren auf der Spur*, München: BLV 2005.

Grimm, Günter: *Heroen – Götter – Scharlatane. Heilserwartungen und Heilsbringer der Antike*, Darmstadt/Mainz: Philipp von Zabern 2008.

S. T. Joshi: *Icons of Horror and the Supernatural. An Encyclopedia of Our Worst Nightmares*, Westport: Greenwood 2007.

E. J. Kenney und W. V. Clausen (Hrsgg.): *The Cambridge History of Classical Literature*, Cambridge: Cambridge University Press 1983.

Daniel Ogden: *Magic, Witchcraft, and Ghosts in the Greek and Roman Worlds*, Oxford: Oxford University Press 2002.

Annette und Reinhard Pohlke: *Im Labyrinth des Minotaurus. Ungeheuer der Antike*, Mannheim: Bibliographisches Institut 2002.

Josef Reichholf: *Einhorn – Phönix – Drache. Woher unsere Fabeltiere kommen*, Frankfurt/Main: S. Fischer 2012.

Lambert Schneider und Martina Seifert: *Sphinx – Amazone – Mänade. Bedrohliche Frauenbilder im antiken Mythos*, Stuttgart: Theiss 2010.

Personen-, Sach- und Ortsregister